威卡魔法
之書

威卡、巫術及其他魔法初學者
適用的影之書

麗莎・錢伯倫

U0071953

Text © 2016, 2020 Lisa Chamberlain
Cover © 2020 Sterling Publishing Co., Inc
Originally published as Wicca Book of Spells in 2016 by Wicca Shorts
This edition has been published by arrangement with Sterling Publishing Co., Inc., 122
Fifth Avenue, New York, NY, USA, 10011.
Through Andrew Nurnberg Associates International Limited.

威卡關係魔法

出　　　版／楓樹林出版事業有限公司
地　　　址／新北市板橋區信義路163巷3號10樓
郵 政 劃 撥／19907596　楓書坊文化出版社
網　　　址／www.maplebook.com.tw
電　　　話／02-2957-6096
傳　　　真／02-2957-6435
作　　　者／麗莎·錢伯倫
譯　　　者／邱俊銘
企 劃 編 輯／陳依萱
校　　　對／聞若婷
港 澳 經 銷／泛華發行代理有限公司
定　　　價／380元
初 版 日 期／2021年7月

國家圖書館出版品預行編目資料

威卡關係魔法 / 麗莎·錢伯倫作；邱俊銘
翻譯. -- 初版. -- 新北市：楓樹林出版事業
有限公司, 2021.07　面；公分

ISBN 978-986-5572-41-9（平裝）

1. 巫術

295　　　　　　　　110007256

以下是給瑪芮德（Mairghread）的留話：

「故事的後續就全放在這裡囉。」

目次

第二部

———— ✤ ————

財富與興旺的魔法

第三部

———— ✤ ————

健康與身心安適的魔法

第四部

———— ❦ ————

各式魔法及策略

前言

魔法的世界真是充滿無可限量的可能性。說實在的，現有的魔法已達數千種之多，無論你想達成什麼目的，都會有對應的魔法。當然，在威卡（Wicca）及許多其他巫術（Witchcraft）傳統中，那些將魔法運用當成是修習功課之一的人們只會將魔法運用在正向或中性的目的，絕不故意去傷害任何人或任何事物，因此這本書所載的魔法也會遵從這項重要的規矩。

你在本書看到的魔法，只要運用聚焦的意願，就能為你的生命帶來正面的經驗，還可依此推展到你所關心的人們那裡。

書中魔法所涵括的應用範圍頗為廣泛，大致上分為三類，即愛與關係、興旺與豐盛，還有健康與身心安適，這也是人們會傾向尋求魔法協助的三大生活領域。

然而，它們並不是構成人類經驗的唯三要素，所以你也會在書中看到關於其他魔法的例子，那僅是一點提示，幫助你擴展自身魔法操作之可能性。

此外，本書涵括多種不同魔法運用方式與技術，從蠟燭魔法、占卜，到護身飾物及其他手工製品皆有涉及。每種魔法都會有詳細的指示，然而許多魔法在這部分也有機會讓你能依己意調整成更加適合的版本。

如果你在魔法方面已有不少經驗，在看到一些較難取得的材料時大概就能馬上想到適合的替代品。如果你是新手，那麼最有用的方法莫過於盡量嚴謹遵循書上所載內容來做，直到你對於自身直覺的連結變得更加有力，才考慮即興而為。不過，如果你的內在智慧引導你去做出完全不一樣的事情時，請務必聽進去哦！

7

雖然魔法很有彈性，然而還是會有某些特定關鍵步驟及注意事項是魔法得以成功的要素。

第一點，同時也是最重要的一點，請要注意這裡的每項魔法指示都有個前提，那就是你已為自己追求的魔法目標而為那些成分進行充能。

充能的方式通常會依照你所使用的物體而定，不過如果你不確定怎麼做的話，就使用幾乎所有事物都能套用的標準方式：將要充能的物體放在已經充能的五芒星盤上，最好能夠直接曬到日光或月光，然後說出關於你將進行的魔法操作之意願。根據個人的習修方式，你也許會祈請對應的女神或男神、四元素或是你所共事的其他靈性力量。

如果你是魔法新手，就去研究並嘗試一些為不同工具充能的方法，直到找出感覺最適合自己的充能方式。

第二點，請一直要記住，無論你的材料是什麼種類或等級、無論你對它們的充能做得多好、無論你有多麼嚴格遵照書中魔法指示，能使魔法操作成功的真正關鍵要素仍是個人的心智狀態。

如果你是以懷疑魔法是否成功的心態執行魔法，那麼大概可以保證魔法不會成功。若是帶著焦慮操作魔法，那麼魔法結果比較有可能出現好壞參雜的狀況或甚至完全無效。

最成功的魔法是在歸於中心的平靜境地，以非常專注的意願來進行的。所以請一定要先做任何能讓你落實下來的方法，無論那是冥想、觀想、呼吸技巧、劃出儀式圈，還是以上都做，只要能夠使你落實下來就好。說到底，那是「你的」能量在對宇宙實相做出真正的改變，所以請妥善塑造之、睿智運用之。

若要確保自己的能量焦點與魔法相符，其中一種做法即是用你自己的話來改寫魔法中的唸咒部分，應該會有幫助。當然，書中所列咒語都已相當強大而且有效，不過如果你傾向用語言做出創意表現，那麼竭誠歡迎你使用自己的話。

有些女巫認定咒語應當押韻，押韻的確有好處，因為魔法能夠借用押韻的力量。不過，有些人發現如果咒語實在太像「誦經」的話，會使他們分心，無法真心說出那些話語。

你會發現本書有些咒語會使用押韻，其他則無。請這兩種都去嘗試看看，並觀察自己對於那些文字的內在感受。不過，這裡還是再次提醒，請自由去細部調整或全部改寫成你覺得比較適合的版本。

有幾個實用的小技巧值得在這裡分享。請務必在確定無人打擾的空間操作魔法，關掉手機，並盡量創造出利於魔法的氛圍，無論是音樂、燃香、蠟燭或其他事物，只要能達到目的都可以。

至於蠟燭，請務必謹慎使用，絕對不要出現燃燒的蠟燭無人看守的空檔。如果你有用油塗抹蠟燭，請在要拿火柴或打火機點火之前，確保手指上的剩油已完全擦掉——你絕對不會想見識塗油的皮膚碰到火的狀況！

還有，如果魔法有用到藥草，請要記住，書中所述僅是一般的建議量，你真的不需要量出「完全一樣」的幾湯匙或幾茶匙的份量，除非你發現這樣做能夠增加能量並使自己專注在魔法上，才去錙銖必較，不然的話請大約估計所需材料的份量即可——這部分也是同樣請遵從你的內在直覺！

最後要說的是，無論你從魔法操作中得到多少經驗，請記得總是會有學習與成長的空間。請在嘗試本書所列魔法時好好享受，如果想要的話，就讓這些魔法成為你的靈感跳板，創造出屬於自己的魔法。也別忘記要以愛與感謝來榮耀自己得到的成果。

願汝有福。

第一部

愛與關係
的魔法

介紹愛與關係的魔法

在人們向魔法尋求協助的原因當中，最常見者應該就是這個——愛。從久遠到早已遺忘的時代開始，滿懷希望的戀人一直在嘗試各式各樣的魔法與魔藥，就是為了要使屬於自己的真愛來到面前。本書這部分的確會有吸引浪漫的情愛進入個人生命的魔法，然而它也涵括關於友誼與家庭關係的魔法操作，這也是平衡的人生之愛的來源之一，它跟情愛同樣重要。還有一些魔法是用來強化、鞏固那段屬於你自己、且為最重要的關係——就是你與你的靈性源頭之間的關係。

如同序言所述，這本魔法書只以正向魔法來運作，意謂你在這部分不會找到任何可以使他人違背自己的自由意志，而對你做出好事或產生好感的魔法。這種違背自由意志的魔法幾乎必會產生與預期完全相反的結果，即使暫時有效，你也將因清楚知道自己在操縱對方，而無法建立由衷的親密關係。

所以，還不如將自己的魔法能量，專心導引到支持所有與自身狀況相關人等的最佳好處。如此一來，你所吸引來的連結，其品質會高上許多，而其結果也會使你對於自己與自己的人生感覺更好。

促進新友誼的魔法

　　無論你才剛搬到新地方，還沒認識許多人，或者只是你的社交生活需要大幅翻修，這項快速魔法能為你的生活帶來值得結交的新朋友。

　　這魔法最好是在月盈時期進行，然而如果你最近有某個社交活動想要放點魔法能量進去的話，那麼即使仍在月缺時分也還是做吧。

═══ 使用材料 ═══

1 顆小石，可以是粉晶、白水晶、

紅玉髓或青金石

1 根黃色魔法蠟燭或祈願蠟燭

3% 薰衣草精油

═ 執行指南 ═

◆ 將蠟燭塗油。

◆ 以慣用手如同握拳那樣將小石握在手心，另一手的手掌再覆
   於其上。

◆ 雙手緊握，閉上眼睛，觀想正向、風趣、好相處的人們圍繞
   自己。

◆ 當你抓到這感覺時，深吸一口氣，然後吐氣並睜開眼睛。

◆ 將小石放在蠟燭前面，點起蠟燭，在燭光中唸以下文字：

新友誼、好真實，
吾族靈魂共團聚！

◆ 外出時，就把小石隨身帶著；在家時，把小石放在自己看得
   到的地方。

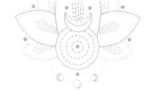

強化關係的魔法

　　當新關係的「蜜月期」無可避免的開始消退時，常會看到關係中的一方或雙方會感受到疑慮，或緊抓著過去沒有解決的情緒障礙。若要強化伴侶之間的連結以度過風風雨雨，就需要開放的心及彼此的尊重。說到底，健康的關係才能讓雙方有機會彼此學習並持續成長。

　　在你們關係繼續深化的過程中，這項魔法能幫忙種下和諧與信任的種子。你可以自己進行這項魔法，不過如果你的伴侶也想參與的話，也可以一起做。

　　塔羅牌裡面有一張名為「戀人」（The Lovers）的牌，象徵浪漫的愛，還有伴侶關係、夥伴關係、成長、忠誠以及選擇，所以當你在魔法中宣告自己的意願，即你願意跟自己的伴侶攜手共度難關時，它會是用來聚焦心神的理想象徵。塔羅牌有許多種，所以「戀人」牌卡圖樣也會有許多不同表現方式，為了達到最好的效果，請使用你喜歡的「戀人」牌卡圖樣。

═ 使用材料 ═

1 根提供氛圍的大蠟燭

1 根粉紅色魔法蠟燭

1 張「戀人」牌卡

2 顆粉晶、青金石、月光石或東菱玉
（2 顆材質需相同）

¼ 茶匙新鮮或乾燥的迷迭香

¼ 茶匙新鮮或乾燥的薰衣草

¼ 茶匙乾燥的洛神花瓣

¼ 茶匙乾燥的洋甘菊花

1 個小碗

肉桂、杜松、玫瑰或與愛有關的塗抹蠟燭油品 *

* 請參考本書 P120〈魔法油〉關於「混合」的段落。

◆ 點燃營造氛圍的大蠟燭。

◆ 將花草放進小碗並以手指混合，同時觀想自己的能量流入每
片葉子、花瓣及花朵。

◆ 將「戀人」牌卡正面朝上放在你的祭壇中央。

◆ 用油塗抹魔法蠟燭並放在牌卡後面約7.6至10.2公分之處。

◆ 花些時間仔細欣賞牌卡的圖面。然後兩手各握一顆水晶，由
衷喚出自己與伴侶和諧相處、坦誠溝通的感覺。當你覺得準
備妥當的時候，將水晶放在戀人牌卡的左右兩側、一邊一
顆，盡可能靠近並對齊牌卡圖面顯示的心形圖案。

◆ 現在將花草撒在牌卡與兩顆水晶外並構成一個圈，同時說出
以下的話語（或類似者）：

吾向愛情，敞開胸懷，

榮耀靈魂，成長意願。

吾伴愛侶，

攜手同行，用心傾聽。

以上所言，照此遵行。

◆ 點燃魔法蠟燭，讓燭火燒到自行燃盡。將整個擺設留在祭壇
上達24個小時。

◆ 你可以隨身帶著兩顆水晶，或是把它們放在家中顯著之處。
如果伴侶也有參與魔法操作但沒有跟你同住，那麼其中一顆
水晶應該由他（她）帶著。

吸引優質關係的護符

　　芫荽籽（coriander）是料理食物時會用到的香料，有著溫暖、芬芳的香氣，品嘗時還帶有一點像是堅果的味道，不過並不是每個人都知道它就是香菜（cilantro）的種子。有趣的是，芫荽籽跟香菜葉的味道完全不一樣。這種二元本質也呈現在芫荽籽的魔法用途，其中就有同時吸引愛以及預防那些不想要的能量。

　　芫荽籽會用於愛情魔法、春藥，也用在使吵架的雙方和解，以及家宅的驅邪與保護。況且絕大多數超市的香料區架上都會有芫荽籽，因此它是廚房女巫新手在開始練習時的優良選擇。

　　對於芫荽籽的吸引及保護特質，這魔法都有取用，為的是能以平衡的態度吸引可能的新對象來到自己的生命中。

　　這魔法特別適合看似不缺追求者、然而在發展關係時常出問題的人。藉由芫荽籽的能量，那些對你完全沒有助益的人們將無法引起你的注意，而正面、健康且與你相合的對象將能輕鬆容易地來到你面前。

　　在護符組合中加入粉晶，可以強化這項魔法的正面振動。請確定自己所拿到的是完整的芫荽籽，而不是碎末，因為你將隨身攜帶這藥草。

使用材料

13顆完整的芫荽籽

1小顆粉晶

1個具有束口繩的袋子或1塊布

1條紅色或粉紅色的緞帶

1根大蠟燭（用於營造氣氛，非必須）

執行指南

◆ 如果有準備大蠟燭，將它點燃。

◆ 將芫荽籽繞著粉晶擺成圓圈。

◆ 閉上眼睛，觀想自己能完全接受能以你的真貌愛你的伴侶。

◆ 當你抓到這感覺時，睜開眼睛並專注在粉晶上，唸出以下文字（或類似者）：

唯有健康、平衡的愛，

得吾吸引，來吾這裡！

◆ 然後將芫荽籽一顆一顆地拾起來放入繩袋或布中。（最好從位在圓圈最南邊的芫荽籽開始拿，後續則沿著順時針方向拾起種子。）

◆ 加入粉晶，將袋口或布收攏妥當，然後再用緞帶綁緊。

◆ 每當你覺得想要讓愛有機會發生時——特別是要去公共場合的時候——就把這個護符隨身帶著。

愛與關係的魔法

吸引浪漫情愛的魔法薰煙

　　這是個有趣又簡單的儀式，能夠強化空間的浪漫氛圍，不論是自宅或任何想在那裡遇見浪漫愛情的地點都可以用。

　　玫瑰油能在魔法方面給予很好的助力，但是請別只為這項魔法才買玫瑰油喔，如果喜歡玫瑰油的香氣，那麼它還相當適合用來保養雙手呢。

　　請勿使用複方薰煙條（smudge stick），像是鼠尾草加薰衣草或是雪松加薰衣草，這些複方在某些方面很好用，然而在這魔法中只會稀釋薰衣草的浪漫振動。

═══ 使用材料 ═══

1根紅蠟燭

帶梗的乾燥薰衣草或

純薰衣草薰煙條

3% 玫瑰精油（非必須）

1根羽毛（非必須）

芫荽籽

≡ 執行指南 ≡

◆ 如果有準備玫瑰油，用一、二滴油塗抹蠟燭。將留在手指上的油擦拭乾淨，之後才把蠟燭點燃。

◆ 將芫荽籽繞著粉晶擺成圓圈。

◆ 將乾燥薰衣草枝梗拿起來，用燭火點燃，並同時唸出以下文字（或類似者）：

愛情薰衣，創意之焰，
藉此愛欲，改變此間！

◆ 從房間的北方某個點開始，以順時鐘方向移動，一邊行走、一邊用羽毛（如果有準備的話）或自己的手搧動薰衣草的煙，讓煙散布整個空間。你也可以依自己的意思，一邊行走薰煙、一邊將上述力量文字當成咒語反覆唸誦。

◆ 如果可以的話，將薰衣草放在抗熱材質的盤子上，等它自行燒完。不然，就把它拿到裝土的花盆或裝沙的碗裡輕柔按熄。

美好初次約會的信心護符

在與可能戀愛的對象初次約會之前，如果你已開始緊張的話，就適合運用這項魔法。

只要把這護符放在口袋或手提包隨身攜帶即可，不過如果你的口袋或手提包還有放別的東西，那麼最好把護符裝在繩袋或布中以保持完整。

這裡請要記住的是，無論對象是何等人物，魔法的焦點都是放在自己的信心與愛惜自己的感受。不論結果如何，如果你有好好享受那段時光，那麼就算是成功達成目的了。

≡ 使用材料 ≡

1 條白色或粉紅緞帶，長約 18 公分

1 小顆紅玉髓或虎眼石

海鹽

1 根大蠟燭（營造氣氛用，非必須）

1 個具有束口繩的小袋子或 1 塊布（非必須）

═ 執行指南 ═

◆ 如果有準備大蠟燭，把它點燃。

◆ 將緞帶放在你的祭壇上或操作台上。

◆ 用海鹽做出一個包圍緞帶的圓圈——這會將魔法的能量聚集在護符的周圍。

◆ 將小石頭放在緞帶上，並唸出以下文字（或類似者）：

> 吾之信心，從內展現，
>
> 安然接受，本來面貌。
>
> 靈魂之會，必定歡喜，
>
> 令此石儲備額外精力。

◆ 拿緞帶緩慢纏繞小石，最後打結固定。

◆ 然後就出門享受跟人初次約會的樂趣吧！

愛與關係的魔法

相親、網路約會的魔法浸浴

　　無論是親友為你安排的相親，或是你打算直接跳入網路約會的新大陸，對要去見素不相識的人這件事不免會感到十分緊張。

　　這項魔法係藉由去除緊張與增強自信而改善會面的能量，使你不論結果如何幾乎都能享受那段過程。說真的，即使到這場約會最後沒有結果，你還是能夠玩得很高興呢！

　　喜馬拉雅山鹽（Himalayan salt）是用在放鬆的上好保養品，然而如果你沒有經常使用的習慣，它的效用就有可能強到導致睏倦。因此，如果你是打算做完這項魔法浸浴就出門約會的話，也許改用海鹽會比較好。

　　如果你的浴缸排水孔有濾網的話，就能將這裡提到的藥草直接輕灑在浴缸裡。不然的話，就把藥草放進茶包或是薄毛巾中，避免它們在水中散得到處都是。

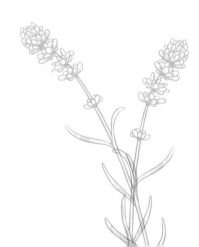

⟰ 使用材料 ⟰

1茶匙到1湯匙的洛神花

1茶匙到1湯匙的洋甘菊

1茶匙到1湯匙的款冬（coltsfoot）或紅花苜蓿（red clover）

2至3湯匙的海鹽或喜馬拉雅山鹽

5滴薰衣草精油（與酒精結合）

1顆黃水晶、東菱玉或虎眼石

1支或數支用來營造氣氛的蠟燭

⟰ 執行指南 ⟰

◆ 在澡缸中放入適合浸浴的熱水。在水位達到澡缸的四分之一
   高度時，放鹽進去。

◆ 在水位達到澡缸的二分之一高度時，放進水晶並滴入精油。

◆ 當澡缸的水位升到快要滿的時候，加入藥草。

◆ 點燃蠟燭，關掉浴室所有人工照明。然後進入裝滿水的浴缸。

◆ 放鬆下來，有意識地釋放自己對於去見陌生人的焦慮，也釋
   放自己對於特定結果的執著感受。

◆ 至少浸浴20分鐘。如果可以的話，在排水時仍繼續待在浴缸
   裡面，因為藥草與水晶的能量在這做法中會有變得更加強效
   的傾向。

◆ 帶著水晶去約會，請好好享受那段時光！

愛與關係的魔法

放手讓愛自由的柳樹之法

在面對親密關係的結束時，無論出自雙方共識或單方決定，都會經驗到傷痛。即使在最佳的情況，也還是需要去處理並調整的失落感受，畢竟諸如原本的陪伴、慣常的作息，還有情感與身體的親密，這些都會失去。

在這時候，那些要自己「克服」失落的念頭（或是善意勸告），其實是想要逃避那段轉換至「在人生旅途上繼續前進」的必經過程。這儀式所提供的架構，能讓你主動認知並放下傷痛的感受，不需要一直壓抑那些傷痛或是抓著不放。

柳樹自古以來就以其療癒能量聞名，能夠幫助人們緩解身體與情緒層面的傷痛。如果你家附近沒有柳樹，不妨改用梣樹（ash）、樺樹（birch）、冷杉（fir）或橡樹（oak）等任何讓你覺得受到吸引的樹木。

═══ 使用材料 ═══

柳樹，或是其他種類的樹木

筆記本或可供寫字的紙張

小紙片

小鏟子（或湯匙）

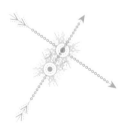

═ 執行指南 ═

✦ 坐在樹幹旁邊，盡可能靠近它。如果坐在地上真有困難的話，就帶一張椅子過去坐著。

✦ 在小紙片寫下你要放手的對象姓名，將紙片放在樹幹底部。

✦ 接著撰寫「道別信」給那個對象。這封信並不是真的要寄給對方，所以請自由表述自己的感受，但整封信的調性請盡量保持正向。

✦ 你可以為他們的正向特質以及你們擁有過的美好時光獻上你的感謝。當然，你也可以承認自己的難過，但避免陷入無法解決的爭吵或怨恨。這部分的重點是放下自己在這段關係中想要繼續保留的事物，而不是執著於想挽留的部分。

✦ 寫完之後，大聲朗讀這封信。然後用鏟子將那張小紙片埋在那棵樹的底部附近。

✦ 離開那裡，不要回望。那封信可以燒掉，或是撕得細碎送去回收。

蘋果五芒星占卜魔法

巫術習修者有許多理由認為蘋果樹具有神聖品質，而其中之一就是其果實含有種子的中心呈現五芒星的形狀。

蘋果會被用在各式各樣的魔法操作，包括將蘋果削皮，在削出一串螺旋長條果皮後將它丟在地上，以顯示真愛之人名稱的第一個字母。

下述的占卜技藝，係將蘋果橫切一半之後，觀察五芒星的呈現而定。任何時候、任何問題都可以運用這種占卜，然而它在秋天收穫季節以及浪漫愛情的事情上特別有用。

完成占卜之後，請一定要把蘋果吃完或用來做堆肥——不要浪費這顆魔法水果喔！

═ 使用材料 ═

1顆蘋果

儀式切刃（boline）或是其他切割刀具

1根黑色、白色或粉紅色的蠟燭（非必須）

═ 執行指南 ═

◆ 如果有準備蠟燭的話，將它點燃。

◆ 花些時間釐清自己的問題，並在過程中握著那顆蘋果。

◆ 將這問題的可能答案之一指定為這顆蘋果的上半，將另一可
能答案指定為這蘋果的下半部——因此最適合運用這方式的
問題就是「是非題」。

◆ 蘋果橫切剖半，以顯露出含有種子的五芒星狀果核。

◆ 如果所有種子都在某一半的話，那麼這就是你的答案。如果
種子分散在兩邊，或是有掉出來，代表目前資訊不足，無法
給出清楚答案。

◆ 無論答案為何，總是將種子留下來播種，或是將它們撒在美
好的自然之中，並同時為自己所收到的答案獻上無聲感謝。

放下負向執著的魔法

　　每個人總會有經驗到無法立即藉由溝通解決的無休吵鬧之時候。無論對象是前任愛人、難相處的工作同僚或是某個家人，有些狀況的確只能靠時間與距離才能達到和平。

　　在這過程，的確很難不去鑽牛角尖並持續留在創造這些紛爭的負面能量之中。這項魔法能幫助的地方，就是無論對方有什麼表現，你都能對這事態保持心理距離。有一點要注意的是，這裡的重點應當放在自己與自己的能量上，而不是放在對方身上！其關鍵在於使自己脫離紛爭，不論這過程要用多久時間才能解決，這項魔法都讓你能夠平心以對。

　　這項魔法非常適合在月亮漸缺的期間來做，然而若事態已使你非常煩惱，就別因等待月缺而使自己更加深陷負面情緒的泥沼——就直接做，解除執著！

═ 使用材料 ═

1 根黑色蠟燭

1 張紙條（約寬 2.5 公分、長 17.8 公分）

筆記本或準備一些紙張（非必須）

1 枝用於寫字的筆或鉛筆

小型鍋子或耐熱盤子

乳香、檀香或鼠尾草的燃香
（即香粉、線香、盤香或香錐等香品。）

◆ 將香點燃。

◆ 若要得到最好的成效，先花至少10到15分鐘對於這場紛爭及自己難以釋懷的感受進行自由書寫。別停留或耽溺在負面想法上，而是將這動作看成是某種心靈「驅邪」過程，斷然清除那些想法與情緒。

◆ 當你覺得自由書寫的部分已經完成，在準備好的紙條上寫下對方的名字，並以一句話簡要敘述那場紛爭。

◆ 將紙條捲成鬆鬆的紙捲。

◆ 點亮蠟燭、做幾個深呼吸，說出以下話語（或類似者）：

> 今晚，憑此燭光，
> 吾不再執於自己必對。
> 釋放，留出空間，
> 吾之存在充滿療癒的平安。

◆ 用燭火點燃紙捲，讓它在小鍋裡面或盤子上完全燒盡。

◆ 在灰燼冷卻之後，將它們輕輕倒在戶外的大地土壤上。

◆ 若要得到最好的成效，就讓蠟燭自行燃燒殆盡。

◆ 如果你在後續數天有發現自己又在開始對那紛爭鑽牛角尖的話，請憶起你所進行的魔法操作，做幾個深呼吸，然後觀想那些負面事物的灰燼已經消失在大地的土壤裡。

在艱難處境選擇平安

在生命歷程中，我們總會遇到自己無法操控的巨大挑戰，也許是親愛的人罹患嚴重病症，甚至是為你的生活帶來混亂的重大世界事件。

針對某事態的展現對於自己的可能影響來使用魔法，這樣的作法完全沒有問題，不過如果你覺得自己已經受到影響，就有可能難以處在認為自己具有力量做出改變的心態，從而使自己施展的魔法失去能量。像這樣的時候，你需要好好照顧自己，這是最先要做的事情，之後才有能力幫助別人。

「平安心靈油」（參見〈魔法油〉，本書第 119 頁）裡面的薰衣草、洋甘菊與伊蘭伊蘭的舒緩、撫慰性質，能使你觸及自身內在核心以及自己與神靈的連結，幫助你放下對某事態的關注（至少暫時如此），並恢復自己的內在平衡。

這項魔法最好是在睡前一小時左右進行，不過你若想讓蠟燭自行燒盡的話，一定得先把蠟燭放在水槽中才能去睡覺喔！ 不然的話，你可以先輕柔熄滅燭火，然後在後續幾天晚上均進行此術，直到蠟燭燒盡。

說真的，請盡量依個人需要來調整這魔法。播放冥想的音樂、沖泡一杯洋甘菊茶、手腳好好伸展一番、泡個熱水澡，並且（或是）做任何會使你放鬆的事情。你自己為這項魔法所「預備」的能量越多，這魔法的威力就越大。

═ 使用材料 ═

「平安心靈油」(參見〈魔法油〉，第119頁)

1根白蠟燭

冥想音樂(非必須)

═ 執行指南 ═

✦ 如果有準備音樂的話，就播放出來，並進行任何能讓自己盡量平靜鎮定下來的活動或方法。

✦ 靜靜坐著，做幾個深呼吸。將油塗在能夠感受到脈搏的身體部位，蠟燭也要塗油。

✦ 閉上眼睛，再做幾個深呼吸，盡可能使自己腦筋清楚。

✦ 當你覺得自己準備妥當，張開眼睛、點燃蠟燭，並唸出以下文字(或類似者)：

吾將重擔，托付高我，

重新注意，平衡休息。

就讓此願如實具現吧！

✦ 暫時讓自己僅是坐在那裡望著燭火，盡量使自己的頭腦保持安靜，並把意識焦點放在燭光。

愛與關係的魔法

靈性連結的「備用鑰匙」魔法

雖然我們對於他人經常以「關係」的角度來思考，然而我們與自己的「較高力量」——或是你對於那股在操作魔法時流經自己的力量之任何名稱——之間也存在著關係。這項魔法專注在強化這層關係，因它畢竟是一切人際關係藉以發展的基礎。

在過去，許多家庭會習慣在家門外藏一支備用鑰匙，像是藏在門口地墊底下、某個盆栽中，或是其他的隱密之處，除了因應遺失鑰匙的可能性之外，也能讓親戚或朋友在主人不在時還能進得去，但現在會這樣做的家庭應該比較少見了。

這項魔法汲取這個風俗習慣中所傳遞的智慧與信任之能量，用來當作榮耀那些在無形領域為你服務的美善力量。

藉由祝福某一鑰匙並將它埋在家宅附近（如果有需要的話，也可埋在室內植物盆栽中），你是在向自己的更高力量——不論那是某位神祇、守護靈或單純是宇宙的美善能量——發出信號，表示無論何時、無論你在哪裡，你都歡迎祂們來到你家、你的生命中提供協助。

這項做法也是在提醒你自己，即使暫時與自身靈性中心失去連結，自己總能夠找到重新接上的方式。

你也許想用一支自宅的備用鑰匙來施展這魔法，然而這還是要看住家周遭地區的治安是否良好而定，其實任何一支金屬鑰匙都可以拿來使用。

有些人會用金鑰匙象徵男神，並（或）用銀鑰匙象徵女神，若你想在這項魔法用上兩支鑰匙也是沒問題喔。

═ 使用材料 ═

1支鑰匙

1根白蠟燭

═ 執行指南 ═

✦ 將鑰匙握在手中，並安靜冥想數分鐘。專注在自己與真正的
  自己及自身更高力量相互連結的感受。

✦ 當你覺得自己準備妥當，點燃蠟燭，並唸出以下文字（或
  類似者）：

〔神祇／守護靈／較高力量的名稱〕

從今以後，歡迎祢來。

來待吾家、來居吾心。

此鑰象徵，祢、吾及吾之高我，

從今以後，相連相繫。

✦ 將鑰匙迅速掠過燭火三次。（保護你的手指，別讓鑰匙有機會
  變熱。）

✦ 然後將它埋到屋外土地，至少要有15公分（6英寸）深。或是
  埋在大型植物盆栽的土壤裡面。

三草愛情護符

　　薰衣草、洛神花與羅勒的魔法性質都有包涵愛，所以這三種藥草構成的魔法能夠用來吸引新戀情，或將現有關係更新為愛情。不過，無論是哪種方向，請一定要專注在自己想要有什麼樣的感受，而不是操控對方的感受或行為。

═ 使用材料 ═

乾燥薰衣草

乾燥洛神花

乾燥羅勒

1小塊白色、粉紅色、

紅色或紫色方布（理想材質為絲綢或天鵝絨）

1條白色、粉紅色、

紅色或紫色緞帶

粉晶

- ✦ 將粉晶握在手中,同時藉由冥想自己在目標實現時會想要擁有的感受,將愛的振動存進粉晶之中。

- ✦ 將布展開,輕柔地把水晶置於其上。

- ✦ 三種藥草各取一小撮,散撒在水晶上。

- ✦ 在將三種藥草個別撒在水晶上的同時,說出藥草的名字並申明其目的。例如在撒薰衣草時,你也許可以這麼說:

憑薰衣力,

吾之生命,顯現愛意。

- ✦ 將布在水晶上方摺疊並輕柔包裹起來,再以緞帶纏繞綁縛。

- ✦ 將做好的護符放在皮包或口袋,並(或)在睡覺時把它放在自己的枕頭

愛與關係的魔法

第二部

財富與興旺的魔法

介紹招來財富與興旺的魔法

運用魔法的第二常見理由，幾乎必定是對於金錢的需要或渴望。雖然絕大多數人都了解，只用簡單的蠟燭魔法應該不會具現出數百萬元的樂透頭彩中獎，但我們曉得自己可以運用聚焦的意願，從尚未預見到的地方吸引金錢流入我們的生活——這裡有些有趣魔法的可以讓你嘗試看看！

然而，「看得見、摸得到的金錢」只是財富的諸多形式之一，如果我們要過均衡的生活，認知到豐盛與興旺的其他途徑也相當重要。

能夠為未來增長財富的方法也很重要，像是結交許多朋友，以及滋養身心的樂趣嗜好與養生。你也會在這裡看到增加生意成功、田園耕作豐收的魔法，甚至還有協助取得重要工作的魔法。

所以請享受經驗到意料之外的橫財所帶來的驚喜，然而也別忘記那幅名為真實豐盛人生的巨作。

田園種植魔法

　　無論你想要種的是一大片花田、菜圃，還是只有幾盆室內植物盆栽，這魔法都能在生長季節開始的時候給予推力。魔法完成後馬上種植種子、幼苗或插枝應是最好的做法，使植物能夠在力量最為新鮮強勁的時候栽入土壤裡面。

　　如果你要種的種子只有一種，就盡量把它們從包裝倒到碗裡以直接施法，然而如果要種的種子不只一種，那麼施法時種子還是留在個別包裝比較好。

　　至於幼苗或插枝，如果沒有很大的碗，也許就要個別施法，因為施法期間它們仍留在各自的容器中，做完之後才將它們取出種在土中。（例如已長出幼株的育苗花盆，前面提到的大碗就是為了能夠放進數個育苗花盆，以便一次完成施法，之後再分株栽種到花園或田地。）

≡ 使用材料 ≡

種子、幼苗或插枝

碗，材質為陶、石、玻璃或木頭
（塑膠以外的材質都可以用）

═ 執行指南 ═

✦ 將碗捧在手中，閉上眼睛並觀想自己的愛與力之能量流入碗中，然後流入種子、幼苗或插枝。

✦ 當你能感受到強勁且穩定的能量流動時，唸出以下文字（或類似者）：

> 自然之力、遍及一切，
> 園丁為吾、呼喚傾聽。
> 這些種子、具有生命，
> 吾以能量、滋養需要。

✦ 然後把種子、幼苗或插枝種進土裡，觀察它們的生長。（當然還是要記得澆水呀！）

月光豐盛魔法

　　錢幣是進行豐盛魔法的上好工具，因為它們不僅是財富的實質象徵，而且還代表那將在未來獲得的財富之種子。

　　滿月是進行這項魔法的理想時間，然而只要是月盈期間，又曬得到月光的時候，均可進行這魔法。

═══ 使用材料 ═══

3枚銀幣

小鍋，或是玻璃、陶土材質的碗

水

1根白色、綠色、金色或銀色蠟燭

一片軟布

一個小繩袋或另一片布

執行指南

- ✦ 將銀幣放進鍋或碗中，並注水至三分之二滿。
- ✦ 將鍋或碗靜置在直曬月光之處，至少曬一小時，使銀幣充飽能量。
- ✦ 當你準備要進行魔法時，將小鍋或碗拿到你的祭壇或施法空間，並點起蠟燭。
- ✦ 將你的手（或是魔杖，如果有在用的話）在小鍋或碗上輕柔揮動，並唸出以下文字（或類似者）：

月神映照、無限之光，
今晚許吾、無垠財富。
豐盛似水、無盡流動，
銀幣為籽、長吾財富。

- ✦ 將銀幣從水中拾出，並以方布將它們輕柔擦乾。
- ✦ 接著將它們放在繩袋裡面（或是用另一片布包裹起來），放在燃燒的蠟燭旁邊至少一小時或直到蠟燭燃盡為止。
- ✦ 將水倒在屋外土地，如果因故無法這樣做，將水倒在土壤已乾的植物盆栽裡。
- ✦ 接下來的七天，請將包好的銀幣放在你的口袋或手提包裡面。

喚錢過來

財富會以許多不同形式進入我們的生活，然而運用專門吸引現實金錢的魔法其實還挺有趣的。魔法完成之後，請留心觀察錢幣與紙鈔在後續數週突然具現出來的方式。

這魔法的關鍵品項是「財富吸引油」，因它在現實與心理層面將你與另兩個儀式用品——蠟燭與現金——連結在一起。請把它想成是魔法印記，用於呼喚更多金錢進入你的經驗。

如果你是使用依照本書的「財富吸引油」配方（參見〈魔法油〉，本書第 116 頁）自行製作的油品，這魔法將會變得更加強大呢！（不過，如果你有購得與此目的相容的油品，想用在這魔法的話，也是沒問題的。）

至於魔法會用到的紙鈔，面額越大越理想，因為大額紙鈔會在能量層面提高你所喚之物的標準。不過，如果此時只能動用小額紙鈔，也不用氣餒喔，因為等到現金增長成能夠運用面額更大的紙鈔時，可以重複進行魔法啊！

至於魔法要用的蠟燭，金色蠟燭有時還真難找，所以如果情勢所需，換成綠色蠟燭是沒問題的，不過也許要在祭壇或施法空間擺設一些金色物品以支持這項魔法，例如黃鐵礦、金黃色調的水晶或珠寶，還有金幣。

═ 使用材料 ═

1根金色（或綠色）魔法蠟燭或祈願蠟燭

「財富吸引油」（參見本書第120頁）

1張紙鈔，任何面額均可

（面額可以很高，然而這應是你能夠安心帶在身上的金額）

1條綠色或金色緞帶

═ 執行指南 ═

✦ 先用油塗抹自己的太陽穴、第三眼以及可以摸到脈搏的部位。接著用油塗抹蠟燭，從底部開始往頂端塗。

✦ 將紙鈔的各個角落或取相對兩邊塗油，然後將紙鈔摺成三角形，並用緞帶綁好。

✦ 點燃蠟燭，將它朝摺疊的紙鈔中央稍微傾斜，滴一小滴蠟在緞帶上。

✦ 把蠟燭放回燭台。而當紙鈔上面的蠟稍微凝固時，將它輕置於自己的兩隻手掌之間。

✦ 唸出以下文字（或類似者）三遍：

> 豐盛之靈，吾呼喚汝，
> 穿戴現金，來吾生命。

✦ 讓蠟燭自行燒盡。經過魔法充能的紙鈔，請放在自己的隨身錢包至少一個月。

豐盛家庭洗地劑

如果方法用得正確，連清潔的日常家務也能成為施展魔法的時候。只要往一些基本材料加入一些魔法油以及自己的有力能量，就能歡迎豐盛進來自己的家中。

廣藿香（patchouli）、佛手柑（bergamot）、雪松（cedarwood）及岩蘭草（vetiver）精油關聯到興旺與豐盛，而且適合用在清潔產品。檸檬精油則為整個混合液帶來明亮、清新的能量而有加成的效果。調好的液體可以安全用在硬木地板跟瓷磚上。

全新拖把應是理想的施法工具，即它的首次使用是以魔法刻意進行。而超細纖維（microfiber）材質的拖把墊會是最好的選擇，然而如果你已持有狀態最優的拖把，那是完全沒問題的。這裡的重點在於，進行魔法之前，請確認自己待會用的拖把頭要非常乾淨。

═ 使用材料 ═

1根大蠟燭（非必須）

1茶匙橄欖液皂（castile soap）

4杯溫水

噴霧瓶

10-15滴廣藿香、佛手柑、雪松及（或）岩蘭草精油

2-3滴檸檬精油（非必須）

拖把

◆ 如果有準備大蠟燭，將其點燃。

◆ 將液皂與水倒進噴霧瓶中，激烈搖動以混合之。（請記得瓶口蓋緊再搖動喔！）

◆ 先加入幾滴精油，觀想明亮的豐盛能量遍及家中各處。

◆ 先試聞混合液的氣味，之後再加入幾滴精油。

◆ 在加入不同的精油時，每換一種都要重複這過程。

◆ 將噴霧瓶的瓶口蓋緊，並朝右（順時針）方向轉圈搖晃混合液三圈，同時說出以下的話語（或類似者）：

出去陳舊、進來新鮮，

芬芳法水、使之成真。

吾家地板、清淨明亮。

真正豐盛、來成吾珍。

◆ 在進行清潔家務時，播放自己喜愛的輕快音樂，想要隨之舞動或哼唱也沒問題。

◆ 工作完成時，花些時間享受「自己真的做得很棒」的滿足感。

◆ 變化形式：如果你喜歡拖把配水桶的傳統做法，可以增加液皂與溫水的量，甚至可以改用 Murphy 品牌或其他天然材質的地板清潔劑。

興旺黃鐵零錢罐

　　形狀為立方體且各面都有光澤的黃鐵礦，是礦石界中最為吸睛的晶體之一。而它也具有相當強勁的能量，是接觸水晶的新人鍛鍊手感的理想礦石之一。當你將一顆黃鐵礦立方體握在手心時，也許會訝於它比一般礦石來得沉重，以及那股幾乎像在「滋滋作響」的能量。

　　黃鐵礦具有許多魔法用途，其中包括平衡、增強自信以及促進財富。這礦石特別適合用來協助我們，將成功人生不可或缺的兩個部分，即創意／直覺部分與邏輯／理性部分，和諧交織在一起。

　　黃鐵礦也被稱為「愚人金」（fool's gold），因為沒有經驗的礦工常把它錯認成真金。促進興旺的魔法居然使用「愚人金」，雖然看似矛盾，然而當你了解黃鐵礦的魔法並不在於增加運氣，而是在於強化那以創意與邏輯賺取財富的道路時，就不會覺得奇怪了。

　　這魔法是藉由將黃鐵礦的現實能量連結到在零錢罐進進出出的金錢，使魔法操作整合到日常生活之中。任何容器均可使用，然而請一定要選擇讓你在欣賞時能感受到個人能量揚升者。有人會為這目的特別出門去買好看的瓶罐或碗，還有些人則是在樸素的瓶子上面繪圖裝飾，藉此為後續的魔法操作增加額外的魔法能量。

1塊中型黃鐵礦礦石

存放零錢的罐子

數個不同面額的錢幣

裝飾材料（非必須）

執行指南

◆ 如果你想要裝飾自己的零錢罐，可以把這動作當成施法的第一步來做，不過也可以視需要預先完成裝飾。

◆ 當你準備開始進行時，將黃鐵礦夾於兩手掌心維持一段時間，專注在平衡與興旺的感受，為它灌注能量。

◆ 當你可以感受到手中有強勁的能量在流動時，唸出以下文字（或類似者）三遍：

財富支持、智慧滋養，
吾之生命、得以成長。

◆ 把黃鐵礦放在零錢罐的底部，並將準備好的錢幣輕輕放入。

◆ 每當你將錢幣放進零錢罐或從罐中拿出零錢時，請以自己的方式向那顆黃鐵礦致意，例如獻上感謝，或是重複唸誦施法時的禱詞。

◆ 請務必也要榮耀自己的力量，即運用創意的方式影響個人財務狀況。

肉桂吸引金錢護符

肉桂是頗具辨識度的香料，我們較常看到的是它的粉末，然而肉桂也常用於以興旺與幸運為目的的魔法。在傳統上，有些魔法操作會加入肉桂，以加快具現時程，還有強化其他成分的能量並「加把火進去」。

這魔法所用的肉桂是棒狀，本身即是強力的魔法物品，其香氣使它成為適合放在車上的理想護符，然而你也可以把護符掛在廚房，或任何可以時常看到它的地方。

肉桂棒的中間幾乎都是中空的，請務必選用能讓緞帶或長線穿得過去者。雖然緞帶能使護符更加亮麗，也更為耐用，不過只要能夠穿過肉桂棒的中間且不會自行滑掉，任何夠長的事物都可以用。

═══ 使用材料 ═══

1根肉桂棒，長約5.1到7.6公分

（即2至3英寸）

1條綠色或金色緞帶，長約30.5到45.7公分

（即12至18英寸）

≡ 執行指南 ≡

✦ 將緞帶穿過肉桂棒的中空部分，然後將線頭兩端綁在一起並繫緊。

✦ 將肉桂棒夾於兩手掌心，閉上眼睛，想像大量紙鈔像風暴那樣從各個方向朝你飛來。

✦ 將肉桂棒的一端輕點自身手腕、手肘、頸部與太陽穴的脈搏點，同時唸出以下文字（或類似者）：

甜美肉桂，為吾招財。

速速吸引，更多吾財。

✦ 將你的「吸引金錢護符」放在看得到的地方，並盡量每天至少摸它一次。

工作面試成功魔法

　　這魔法能夠幫忙反轉對於重要面試的焦慮,並增加成功的機會。理想的施法時間雖然是朔月漸盈到滿月的期間,不過如果面試是在滿月漸虧到朔月的期間,仍然可以施法,別因時間不理想就放棄不做喔!

═ 使用材料 ═

1根橘色或金色蠟燭

燃香(乳香、紫丁香或肉桂)

紙與筆(鉛筆也可以)

1小顆青金石、黃水晶或虎眼石

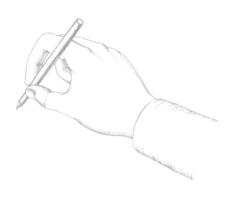

執行指南

- ◆ 將香點起，並用油塗抹蠟燭。
- ◆ 花一些時間觀想自己在面談時保持鎮定、充滿自信的感受。
- ◆ 在紙上寫下自己會是這份工作或職位的最佳人選之三項理由。
- ◆ 將紙摺疊成三角形，大小不超過數英寸（約10公分以下），將它擺在蠟燭前面。
- ◆ 點燃蠟燭，唸出以下文字（或類似者）：

趁此良辰，於此美境，

吾燃此燭，工作屬吾。

- ◆ 將小顆水晶快速掠過燭火，然後放在摺好的紙片上面。
- ◆ 讓蠟燭在安全之處自行燃盡。
- ◆ 前去面試時，帶上摺好的紙片以及那顆小水晶。
- ◆ 當你確定拿到這份工作時，將紙片撕得細碎送去回收。請一定要感謝自己在這過程所呈現的力量，而且也要恭喜自己成功通過面試！

財富與興旺的魔法

事業成功的盆栽護符

　　無論你是剛開始自己的事業，或想為已經順利運作的事業注入推力，一棵單純的盆栽就能達到出乎意料的效果。這也是一種具有高度隱密性且持續發揮作用的護符——客戶根本料想不到你的「幸運護符」居然是一棵植物！

　　竹與蘆薈是跟好運有關的常見植物，而且在室內也容易生長。如果你的事業擁有戶外花園的空間，那麼薰衣草及羅勒會是促進興旺的上好植物。請依個人喜好及植物對於場所的適應性這兩點，以找出一到兩種可以運用的植物。

≡ 使用材料 ≡

1個或多個具有適當排水孔的陶盆

1株或多株自選植物的幼苗

1個或多個硬幣（與植物株數相同）

盆栽用土 *

水 *

＊：每種植物對於土壤、水與陽光的合宜需求並不相同。為了得到最好的結果，請依照自己所選用的植物之相關種植知識來照顧它們。

≡ 執行指南 ≡

◆ 在陶盆的盆底薄鋪一層土。

◆ 把一個錢幣放在盆底土上。一邊用指頭輕按錢幣，一邊唸出
以下文字（或類似者）：

> 吾之事業，由此穩固，
>
> 營養沃土，成長必顧。

◆ 再往盆中填進足夠固定幼苗的土壤，中間挖出足以置入植物
根團（植物的根抓取周遭土壤所形成的團塊）的空間。

◆ 在你輕柔地將幼苗固定於土壤中並在周圍填入足夠的土壤之
後，用水將盆栽澆透，並唸出以下文字（或類似者）：

> 吾之事業，如此鞏固，
>
> 發達必行，好運必顧。

◆ 將盆栽放在工作場所的預定位置，兩手手掌放在盆栽兩側，
並唸出以下文字（或類似者）：

> 吾之事業，美好興盛，
>
> 豐富吾命，滋養眾生。

◆ 經常照料盆栽，在照料過程回憶自己的魔法操作，並在心中
默默感謝植物來支持自己在事業上的成功。

「空白支票」興旺魔法

支票可以說是銀行業的命令文件，指示金錢從某一源頭流往另一處。這項魔法旨在時常提醒你持有具現無限豐盛的力量，還有協助溶解個人對於金錢根深蒂固的局限思維模式。

如果你有支票簿，選擇對你具有特別意義的票號，例如那號碼含有你的生日或是你所認為的幸運數字。如果沒有支票，除了到你的銀行申請臨時支票（counter check）之外，也可以上網下載空白支票的範本或自行設計。

如果你沒有銀色或金色的麥克筆，就用綠色或寶藍色的筆、彩色鉛筆或是任何你用於施展魔法的特殊書寫工具。

如果還想為這魔法錦上添花，可以等蠟燭燃盡之後將支票裱框，像是使用相框、自行製作外框並裝飾之，或是用硬紙板將支票襯邊，再刷上一層 Mod Podge 剪貼彩繪膠水。請盡情揮灑創意，好好享受吧！

═ 使用材料 ═

1 根綠色、寶藍色、銀色或金色蠟燭

1 張空白支票

銀色或金色麥克筆／其他書寫工具

廣藿香、快樂鼠尾草或肉桂精油

為支票裱框、襯邊的材料（非必須）

═ 執行指南 ═

✦ 點燃蠟燭，花些時間喚出放鬆的感受以及對於豐盛的信任。想像自己擁有物質層面一切所需事物，也能夠取得所有自己想要

的東西，並且確知將來持續會有更多事物來到你這裡。當你清楚掌握這感受時，請依下述說明填寫支票的各個空白欄位：

- ✦ 憑票支付：〔簽上你的姓名〕
- ✦ 新台幣：無限財富
- ✦ NT$：〔畫上無限大的符號〕
- ✦ 日期：從今以後的每一天
- ✦ 備註（用途）：我的豐盛無邊無際

   （有些中式支票沒有這欄位或列在支票存根上，相當於西式支票的 Memo 或 For 欄位。所以如果沒看到這欄位的話，也許可以思考看看要寫在哪裡。）

- ✦ 發票人簽章：宇宙

✦ 在支票後面填上你的姓名與住址（中式支票是寫在支票背面，西式支票是寫在正面左上角），並畫上五芒星符號（這裡指塔羅牌的錢幣符號，即內有五芒星的圓形）或你所選定的其他豐盛符號。

✦ 將支票的四角塗上一點精油（請盡量避免污損任何字跡）。用兩手捧起支票，並說出以下的話語（或類似者）：

從今以後，
吾之豐盛永遠滿溢。
無限財富，持續存入吾之生命。
以上所言、照此遵行。

✦ 將支票放在蠟燭前面，等待蠟燭自行燃盡，之後再依你的意思將支票裝框或襯邊。無論你打算怎麼做，請將支票放在可以時常看到的地方。

註：這項魔法可以調整成專門償還債務的版本，畢竟債務常是人們在面對財務問題時最在乎的事情。只要在「新台幣」的大寫金額欄位改寫成「債務全清」即可，並觀想這樣的未來。等到你的債務全清時，可以將那張支票燒掉，或是撕得細碎送去回收。

蜂蜜豐盛罐

在巫毒傳統中，將藥草與蜂蜜運用在魔法瓶是常見的魔法操作形式。這類魔法可能會使用到比較多的東西，然而它們的效果較為持久，而且可以持續反覆使用。

雖然超市或商店賣的一般蜂蜜即可用在這項魔法中，但如果可以的話，請找自己所在區域生產且未加工的天然蜂蜜。

你可以將這裡所列的藥草替換成其他藥草，然而你應要找那些關聯到金錢、豐盛及興旺的藥草來用。為達最佳效果，應當使用至少三種藥草，若想放更多種類也沒問題──放得越多，效果越棒喔！

這裡所指定的蠟燭係一次只點一根，所以一開始只需要一根蠟燭即可，為了讓魔法維持數週，在第一根蠟燭燒完之後，會需要更多蠟燭──為這魔法「供應能量」。

使用材料

1個具有旋轉蓋的小罐子

蜂蜜（需足以裝滿小罐子的量）

1顆水晶或礦石（天然磁石／磁鐵礦、黃水晶、綠色東菱玉、黃鐵礦或虎眼石）

8粒向日葵種子

3根以上綠色魔法蠟燭或祈願蠟燭

研缽及研杵（或碗與湯匙）

廣藿香的油品（用於塗抹蠟燭，非必須）

具有尖端的水晶或大頭針（非必須）

下列藥草各取1-3茶匙
（至少選三種）：

✦ 薰衣草

✦ 愛爾蘭苔蘇（Irish moss）

✦ 洋甘菊

✦ 肉豆蔻

✦ 苜蓿（alfalfa）

✦ 羅勒

✦ 金印草（fgoldenseal）

✦ 菊苣（chicory）

✦ 菖蒲根（calamus roots）

執行指南

✦ 將所有藥草放進研缽（或碗）裡面，用研杵（或湯匙）加以混合。

✦ 然後用你的手指混合藥草，將個人能量滲入藥草。請一邊混合藥草，一邊專注於自己的意願，無論那是金錢、其他豐盛形式或是兩者均有。（請記得在後續開始施法之前把手洗淨。）

✦ 接著將準備的礦石放進罐裡，專注於讓它為你的生命招引豐盛的力量。

✦ 將藥草蓋在礦石上，然後在最上面撒下向日葵種子。

✦ 將蜂蜜從前述堆疊起來的物品之上方倒入，直到裝滿整個罐子。

◆ 蓋上罐蓋並轉緊，然後雙手握著小罐，花些時間觀想豐盛正流進自己的生命。

◆ 你也可以按照自己的意思，在蠟燭表面刻上北歐符文（rune）或其他能夠象徵個人祈願的符號，並用廣藿香的油塗抹蠟燭。（關於精油的稀釋，請參考本書 P120〈魔法油〉的「混合」段落。）

◆ 然後用打火機將蠟燭尾端燒融，使它能夠固定在罐蓋上面。（另一做法則是點燃蠟燭，將它傾斜滴出數滴蠟液到罐蓋上，再將蠟燭固定上去。）

◆ 讓蠟燭自行燃盡，然後視需要每週重複一次（或數次）點蠟燭的步驟。

◆ 最後，你會感覺到這個魔法罐該是停止使用的時候。當這時候來臨時，感謝它的支持與貢獻。

◆ 這項魔法的傳統釋放方式，係將魔法罐埋入土裡。然而，現代許多習修者會把內容物倒入排水管或當作堆肥，瓶罐則在清洗後送去回收，只將礦石埋入土中。

◆ 如果你是用後面這種釋放方法，就要記得在打開罐蓋時釋放這魔法。你可以說出類似下列話語：

藥草啊、蜂蜜啊，

感謝你們助我實現豐盛。

我現在釋放你們的能量，回歸大地吧。

春華之術

　　春天是個魔法般的季節。從初春早啼的鳥兒到枝頭冒出的花蕾，新的生命看似從無形之中出現。那麼，何不在魔法中運用春天的花朵、獲取一些持續生發的能量，好為自己的生命招來更多豐盛呢？

　　由於這魔法只在特定季節操作，從中汲取自然界的韻律，所以會是特別強勁的魔法。雖然這魔法只要在春天就可進行，不過若你能把施術時間安排在月盈或滿月的時候，還會得到能量和諧共振的加成效果。

　　如果可以取得的話，蘋果花、山楂花（hawthorn）或忍冬花（honeysuckle）會最理想，然而只要找當地正在開花的植物即可。最好撿拾掉在樹木底下或周圍的花朵，不過如果有需要的話，你也可以摘取還在樹枝上的一兩個花蕾，只是在摘取時一定要心懷感謝（如果想要的話，也可以倒幾滴牛奶或蜂蜜當作謝禮）。

═══ 使用材料 ═══

¼ 到 ½ 杯的花朵

白色、粉紅色或綠色蠟燭

執行指南

✦ 在預定施法的前一天收集要用的花朵，讓它們自行乾燥，並放在整晚能夠曬得到月光的地方進行充能。

✦ 然後將花朵繞著蠟燭圍成一圈。

✦ 花些時間冥想春天本有的歡愉，像是花朵的香氣、暖和的土壤、蜜蜂的嗡嗡聲，還有逐漸變長的白天。

✦ 當你覺得已經回歸到中心並對準春天的振動時，做個深呼吸並點起蠟燭，唸出以下文字（或類似者）：

> 榮耀春天、美哉春天，
> 新生奇蹟、遍布各地。
> 吾命生長、喜樂歡唱，
> 無盡豐富、處處得尋。

✦ 如果可以的話，讓蠟燭自行燒盡。施術後三天之內，將花朵散撒戶外以返還大地。

秋燁之術

偏好自然魔法的人們，會喜愛在秋意濃厚時分運用鮮豔的紅色、橘色與黃色落葉來施法。這項魔法是在慶祝秋季最為強盛的能量，也就是樹木自春天開始演出的生命戲劇，在落幕時來一場色彩繽紛的「盛大結局」。

如同「春華之術」（參見第 63 頁），這項魔法的力量也是來自季節，亦即你所運用的是自然界的魔法韻律。

這時的焦點要放在引出自己於整個生長季節已經實現的豐盛，呼喚那些在幕後業經數月成熟的祝福及驚喜進入自己的生命。

雖然這魔法只要在秋天進行即可，然而它也跟絕大多數的豐盛魔法一樣，如果是在月盈期間或滿月進行，就會有能量和諧共振的加成效果。

這項魔法有一關鍵細節，即使用的葉子都須從地上撿拾。就像你不會提早收割自家園地的蔬菜，樹上的葉子若還沒自行掉落下來，就別拔下它們。

為達最好的效果，請盡量找最新鮮、最亮麗、最無瑕的葉子，色彩也盡量有些變化。（對了，如果你住的地方有長橡樹的話，請至少撿拾一片這種神聖樹木的葉子放進魔法裡面喔！）

若想做出令人驚豔的擺設，請把撿拾的樹葉壓在兩本厚重書冊之間過一個晚上，就能把它們平貼地放在祭壇上或工作檯面。

≡ 使用材料 ≡

7 片壓過的樹葉

橘色、棕色或黃色蠟燭

≡ 執行指南 ≡

◆ 將樹葉排成一個圓、葉柄朝內，然後在中心放上蠟燭。

◆ 花些時間冥想秋日的美好——涼爽乾燥的空氣、營火燃燒的
   味道、踩踏落葉的脆響，還有逐漸延長的愜意夜晚。

◆ 當你覺得已經回歸到中心並對準秋季的振動時，做個深呼吸
   並點起蠟燭，唸出以下文字（或類似者）：

> 暖日漸退、夜晚漸長，
> 吾今聚集、秋之能量。
> 智慧技藝、吾均增長，
> 秋之贈禮、願明端詳。

◆ 如果可以的話，讓蠟燭自行燒盡。想要的話，也可將樹葉留
   在原處妝點個人空間數天，直到它們的顏色消退並捲曲起來
   為止，之後就將它們散撒出去以返還大地。

第三部

健康與身心安適
的魔法

介紹使身心健康安適的魔法

我們的世界步調快速、混亂常現，要維持正面、健康的身心安適狀態也許有其難度。然而若想要平衡個人能量，好使自己能有幹勁及韌性面對現代世界的挑戰，其實還算容易。

這部分的魔法範圍在於減低壓力的影響，還有使你在日常生活中更容易接上那股已經儲備起來等你取用的正向能量。不過，即使有些魔法的確可以因應身體健康的挑戰，但它們全都不是要來取代必要的醫療作為。如有任何嚴重健康問題，請一定要諮詢醫療照護專業人士。

當然，「身心安適」所指涉的領域非常廣泛，身體與情緒層面的健康僅是其中一部分而已。你所身處的環境，其能量對於你的整體生命品質來說十分重要。居住環境的負向能量越少越好，所以你也會在這部分找到幾個相應的防護魔法，以強化你的實體及社交環境，並將有害的能量阻擋在外。

在運用這些魔法時，請將結果記錄下來，利用這些經驗來幫助自己擴展並優化個人身心安適的能量。

迅速康復的療癒浸浴

　　幾乎每個人都知道熱水浴或熱水沖澡本身就能舒緩從胸悶、痠痛到腸胃不適等許多症狀。而將植物精油用於浸浴以大幅強化療癒效果的做法，也越來越常見。

　　如果你在這些做法當中加入「魔法意圖」的話，會發生什麼情況呢？當下一次覺得身體不適時，不妨試試這項魔法，並期待得到驚奇的效果吧！

　　如同前頁介紹所言，這項魔法並不是用來替代任何必要的醫療照護，所以如果你真的生病的話，請一定要諮詢醫療照護專業人士。然而如果你是受寒、感冒或其他一般不會去找醫生來看的輕微症狀，那麼這個魔法浸浴會是讓你真正得到恢復的好方法，比那些僅用來「掩飾」的非處方藥物還要好很多。

　　迷迭香、杜松與檀香是複方「支持療癒油」（參見第120頁）會用到的成分，而在結合它們的實際效用之後，就能用於對抗感染與發炎，還能舒緩疼痛。而這些精油的魔法性質當然也同樣包括療癒，還有保護與長壽。

　　如果你無法自行調製「支持療癒油」複方油品，也可使用外面販售的複方油品，只要含有這三種精油即可。（有些浴鹽商品會預混這些精油，如果你有買到並打算用在這魔法中的話，就不用另外準備海鹽。）

═ 使用材料 ═

5-7滴「支持療癒油」(參見第120頁)

2-3湯匙海鹽

1根白色蠟燭

營造氛圍的額外蠟燭(非必須)

═ 執行指南 ═

如果有額外準備的蠟燭，先點起來。

✦ 浴缸注入洗澡水至四分之一滿，加入海鹽。一邊撒下海鹽，
　一邊唸出以下文字(或類似者)：

大地生產之鹽，

為吾移除有害能量。

✦ 當浴缸的水位已達二分之一滿時，加入精油，並唸出以下文
　字(或類似者)：

神聖療癒精油，

為吾恢復應有平衡。

◆ 然後一邊點起白色蠟燭，一邊說：

讓此願如實具現吧！

◆ 關閉浴室的所有人工照明，跨入浴缸浸浴。至少浸二十分鐘，在過程中閉起眼睛做深呼吸。

◆ 專注在療癒精油的香氣以及浸在水中的觸感。如果發現自己的心智飄去任何會引起焦慮感受的事物上，請放下念頭，把注意力再度轉回魔法浸浴所帶來的正面感受。

◆ 如果可以的話，請在排水時繼續留在浴缸中，這能強化儀式的淨化振動。

◆ 浸浴之後，還是要繼續好好照顧自己。請一定要喝足水分並盡量休息，因為你剛才已用魔法加快自己的恢復速度了呢！

斷開連結、重新對焦的儀式

在這時代中，我們或多或少會黏著自己的手機或其他電訊產品不放。當我們花太多時間在網路上時，就有可能忘記自己與現實世界的連結，也忘記與真實自我的連結。

定時放下科技事物，會對你的身體、情緒與靈性層面的健康有所助益。這個簡單儀式能夠幫助你清除個人能量場域裡面過多的電磁輻射（electromagnetic field (EMF) radiation），並重新對焦到大自然的能量。

次石墨（shungite）能夠強力吸收電磁輻射，對於能量層面敏感的人們來說真的有差。奧剛石（orgonite，近代以樹脂、金屬及水晶組成的人造能量工具）與黑色電氣石（black tourmaline）也有不錯的效果。至於用來對焦的礦石，只要是你個人能夠與之共振者皆能使用，不過以下所列幾種會特別有效。

═══ 使用材料 ═══

1顆用於吸收的礦石：

次石墨、奧剛石或黑色電氣石

1顆用於對焦的礦石：

瑪瑙（agate）、紫水晶、方解石（calcite）、白水晶、

青金石或粉晶

筆記本或書寫用紙（非必須）

═ 執行指南 ═

✦ 在開始之前，將所有電訊用品關機至少兩個小時。在這期間，想要的話可以去散個步，或是找個可以進行的計畫執行。

✦ 如果你發現這樣做有困難，只要留意自己對這狀況的反應即可，無需多加批評。你會焦慮不安？感覺跟世界脫節？只要陪著這感受就好，讓它自行過去。經過三十分鐘之後，你的感覺如何？兩個小時之後的感覺又是如何？如果覺得寫作有幫助的話，請自由書寫自己的經驗。

✦ 在戶外找個能夠赤腳踏地的地方。（如果不可行的話，就用熱水浸浴或沖澡來代替。）

✦ 兩手握住用於吸收的礦石，觀想所有多餘的電能離開你的能量場並進入那顆礦石。做幾個冥想的深呼吸。當你覺得自己跟科技世界完全「斷開連結」，就把礦石放下。

✦ 現在握著用於對焦的礦石，觀想它的能量將你與地球及內在的自己連結起來。花些時間觀照自己的呼吸並維持這樣的觀想。你也可以用筆記本寫下那些在過程可能會出現的洞見、感受或直覺的訊息。

✦ 在長期使用電訊產品的時間中，每當你感覺自己失去專注力或與現實脫節時，請重複進行這項儀式。

鎮定焦慮的魔法

　　每個人總會遇到無名焦慮的時候，僅是用正面思考的話很難甩得掉它。

　　在單獨使用時，薰衣草的芳香療效以及洋甘菊的鎮定效果，都能有效對抗焦慮，然而再加上鼠尾草及礦石的運用，會使這項魔法有額外力量清除身體系統裡面的焦慮能量。

　　煤精（jet）、黑色電氣石及黑曜岩（obsidian）等黑色水晶礦石能有效帶出有害能量，不過如果你在握著某些石頭時能夠鎮定下來，即使那只是在野外撿到的一顆普通石頭，也能用在這項魔法。

═ 使用材料 ═

用於薰煙的鼠尾草
（繫綁成束或散裝葉片均可）
薰衣草燃香
或者使用薰香燭台與薰衣草精油
洋甘菊茶
1顆用於鎮定或落實的石頭

- ✦ 將香點起來，或是用薰香燭台加熱精油，然後沖泡洋甘菊茶。在等茶泡好的過程中，點起鼠尾草，輕輕薰過自己的能量場，以去除有害的能量（請務必將所待位置的一扇窗戶打開，至少要留個縫，讓清出來的能量有可以離開的途徑。）

- ✦ 接下來，一邊喝茶、一邊握著準備好的石頭。觀想身體裡面所有的焦慮能量都被牽引出來，並從手進入石頭。

- ✦ 當你覺得已經可以的時候，將石頭埋在戶外。大地將會中和那股有害能量，使它不會再回到你這裡。

提升活力與耐力的紅碧玉

雖然魔法可以很有效（而且好玩），不過魔法並不完全是由正規術法施展而成。水晶及其他礦石即是很好的例子，它們本身就有魔法，只需要用正確的方式汲取出來以產生效果。

若要檢驗水晶礦石對於個人生活特定面向的影響效果，長時間將它們帶在身邊是個不錯的驗證方式。無論你是運用水晶的新手，或者僅是想將新種類的礦石加入自己的魔法操作，將單一礦石帶在身上數天都能讓你對於那顆礦石有更多了解，這是書本鞭長莫及之處。

以下範例是用紅碧玉（red jasper）來達到強化活力與耐力的目的，特別是準備要去處理不甚討喜的事務時。

═ 使用材料 ═

1顆中型尺寸紅碧玉，業經打磨拋光者

筆記本或書寫用紙

健康與身心安適的魔法　　79

執行指南

- ✦ 如同其他礦石，在將紅碧玉用於魔法之前，先為它清理並注入能量。

- ✦ 從預定的日期開始，將礦石帶在身上七天，而且一定要每天數次把它拿出來握在手上。

- ✦ 在這過程中每一天的最後——或是至少第七天的最後——記下在身體、情緒或心靈層面有注意到的任何感受，不論它們有多麼微妙。

- ✦ 至於後續步驟，你也許可以用不同的礦石進行同樣的實驗，然後比較這些結果。

泡在黃色中的「扶我一把」魔法

我想你一定也知道，色彩對於我們的心理狀態具有強烈的影響力，而它在魔法也會有相當強勢的表現。這魔法係專注在黃色，以及它能將我們的能量提升到較為愉悅的頻率。

黃色是最容易聯想到陽光的顏色，在提振個人感受或身心狀態、揮散懷疑、焦慮與陰鬱感受方面非常有效。這顏色雖是一年四季均可使用，然而它對於冬季的情緒低迷狀況特別有舒緩的效果。

以下所列的各種材料，你也許無法一次全部蒐集，然而請至少要有一支蠟燭及二到三件其他黃色物品，無論是水晶、花朵，甚至是緞帶或幾塊布料都沒問題。這魔法基本上算是「越多越歡喜」的類型，然而請別只因材料尚未齊全就不去施法。

至於音樂的部分，雖然每個人的喜好不同，然而這裡請一定要選擇讓你感覺正向、情緒振奮的音樂。你也許非常「喜愛」那些憂愁苦悶的音樂，這沒問題，然而它們並不是這類魔法所需要的振動頻率，所以請找一些讓你覺得快樂的音樂吧！

為達最佳效果，在操作魔法時請穿著黃色衣物或飾品——即便是雨衣也可以達到很好的效果哦！

使用材料

1根或數根黃色蠟燭
（其中1根為魔法蠟燭）

1支花瓶，插有黃色花朵，像是黃水仙、向日葵或蒲公英。

1顆或數顆黃色水晶，像是黃水晶、黃玉、琥珀、黃螢石或虎眼石

1段愉悅、提振人心的樂曲錄音

1塊黃色覆布，用於覆蓋你的祭壇或是工作檯（非必須）

1張主調為黃色的愉悅圖像，例如塔羅牌裡面的「太陽」

執行指南

✦ 在一開始，播放音樂。

✦ 重新調整祭壇或工作檯的擺設，讓自己看得舒服。然後覆上黃布（如果有準備的話），再放上水晶、花朵、蠟燭，以及想在這魔法中使用的圖像。如果你所準備的蠟燭不只一根，除了魔法蠟燭先不點之外，其他蠟燭在此時先點起來。

✦ 接著用兩手掌一起握住一顆或幾顆水晶，並花些時間觀想自己身處在某個非常歡樂的場景中，無論那是所有你喜愛的人聚集的宴會、徜徉在大自然中或是一趟熱帶之旅——任何能使你大為提振的白日夢都可以。你想在這個「夢幻樂園」停留多久都沒問題。

◆ 當你感覺自己比進行魔法之前有明顯好轉時，點起那根魔法蠟燭。

◆ 讓魔法蠟燭自行燒盡，並知道在這之後自己的心情會明顯振作起來，而且至少維持二至三天。

◆ 如果可以的話，就讓你的祭壇或工作檯繼續以黃色裝飾一陣子，並盡量常常注視這一片黃色。你可以按照自己的意思反覆進行這項魔法，密集與否由你決定。

清淨能量場的身體磨砂膏

這個身體磨砂膏並不是用來去除實質的皮屑,而是清除非實質的能量殘餘,這些殘餘是我們於日常世間互動時累積在個人能量場的廢物。椰子油具有很好的療癒及淨化的特質,而喜馬拉雅山鹽能幫忙移除能量層面的沾黏。

這樣的二重奏已經相當具有功效,如果想強化它的提振與清淨功能,可以加入一種或多種你喜愛的植物精油,像是佛手柑、雪松、快樂鼠尾草、天竺葵、薰衣草、廣藿香、胡椒薄荷(peppermint,請少量使用)、迷迭香、檀香及岩蘭草都是不錯的選擇。這邊要記得的是,有些植物精油會刺激皮膚,例如丁香,所以對於不熟的精油請多做一些研究。

你也可以按照自己的意思,為這個清理能量的配方附加其他功能,例如想要求財的話,加入廣藿香與佛手柑;想要療癒的話,加入薰衣草及快樂鼠尾草;想要愉快地開始每一天,就使用天竺葵。

½ 杯椰子油

1 杯喜馬拉雅山鹽細末

具有螺蓋的小型寬口玻璃罐或梅森罐（mason jar）

研缽及研杵（非必須）

10-30滴＊植物精油

＝ 執行指南 ＝

◆ 將椰子油放進玻璃罐中。如果油凝固的話，將玻璃罐放入稍微熱一點的水中（不是沸水）幾分鐘，它就會融化成液態。

◆ 如果有需要的話，用研缽與研杵將喜馬拉雅山鹽磨成細末。

◆ 將鹽分成幾次放入玻璃罐中，與椰子油仔細混勻，直到整體呈現均勻的磨砂膏狀。（依據鹽的顆粒大小，你也許要視情況多加一點鹽或一點油。）

◆ 加入你所選定的精油，一邊攪拌磨砂膏，一邊試聞其香氣。如果你有加入特定的魔法意圖，請在進行過程中觀想自己欲求的結果。

◆ 請盡量每天使用磨砂膏，為期一週，並記錄自己在不需要的負向能量離開自身系統之後，感覺有變得多好喔！

＊如果椰子油的香味較為濃厚，植物精油的用量就需要更多，香氣才出得來。

＊椰子油會使澡缸或浴室地板變得非常滑溜，所以使用時務請小心，並在每次使用磨砂膏之後徹底清潔澡缸或浴室。

健康與身心安適的魔法

「忙碌如蜂」的平衡護符

　　有些人真的能在忙碌到來不及思考的過程中獲取奮發向上的活力，然而大多數愛好魔法的人們，因其高度敏感性與創意，對那種狀態是敬謝不敏！

　　在面臨即將到來的忙碌一整天或一整週時，如果你覺得自己對這樣的生活已經感到畏懼，這項放鬆魔法可以幫助你在度過整段時間時更加從容舒適。你甚至會想把它設定成定期執行的儀式，就訂在週日晚間開始來做呢！

　　如果你手邊沒有任何水晶或礦石，就改用大小可以放在口袋的「忘憂石」（worry stone）。

$$=== 使用材料 ===$$

1杯洋甘菊茶
（用蜂蜜調甜者最為理想）

1根白色蠟燭

1顆玉、粉晶、紫水晶
或其他具有鎮定效果的礦石

薰衣草或其他具有鎮定效果的燃香（非必須）

═ 執行指南 ═

◆ 如果有準備燃香的話，先點起來，然後沖泡洋甘菊茶。在花茶浸泡的過程中，點起蠟燭並花些時候凝視燭光。

◆ 輕啜幾口花茶並做幾個深呼吸。然後以慣用手的手掌托著礦石，另一手的手掌覆於其上，然後一邊和緩搖動礦石，一邊送入鎮定、平安的能量。

◆ 唸出以下文字（或類似者）：

> 此刻無盡，身處平安，
> 吾依節奏，平靜而行。
> 吾將平靜，攜往來日，
> 無論去哪，平安同行。

◆ 將礦石在燭火上方快速掠過三次。

◆ 這礦石已經得到指示，會在你忙碌的時候提供協助──只要把它放在自己的口袋裡，有感覺到需要的時候就握住它即可。

喚醒晨間動力的魔法藥水

　　許多人在早上都會進行的一項重要儀式，就是喝一杯晨間咖啡，而以下要講的魔法藥水雖然非常簡單，但它可是上述儀式的強化版本呢！不過，即使不想喝含有咖啡因的飲料，你也可以為自己準備一杯美味晨間飲品，特別是那些在口味方面能與肉桂相合的藥草茶。

　　請把這份魔法藥水當成額外的魔法提神劑來使用，亦即它是用在自己覺得提不起精神，但有很多事情等著完成的時候＊。

　　這魔法的觀想與唸誦部分若能在室外進行，應是最理想的做法，不過面對窗戶進行這兩部分也完全沒問題。

＊如果你是因生病或操勞而提不起精神，最好還是只喝無咖啡因的藥草茶就好，別喝含有咖啡因的飲料。

≡ 使用材料 ≡

1杯現煮的咖啡或藥草茶

1小撮肉桂粉

1茶匙或更多的蜂蜜

≡ 執行指南 ≡

✦ 如果有準備蜂蜜的話,將它以順時鐘方向攪入飲料中。(如果不用蜂蜜的話,仍以順時鐘方向攪動飲料。)

✦ 當飲料還在杯中打旋時,將肉桂粉撒入中央。

✦ 將你的魔法藥水拿到戶外或是室內窗邊,無論天候不佳到什麼程度,總要感謝晨光為你示現一天的開始。

✦ 做個放鬆的呼吸並開始啜飲你的飲料。

✦ 觀想充滿活力、頭腦清楚的自己在開展這一天的感受,以及達成預定目標的滿足。

✦ 當你覺得已經準備好的時候,唸出以下文字(或類似者):

感激今朝,

吾以正向,應對今日。

能量提升,

吾知吾事,均將完成。

就讓此願如實具現!

✦ 現在動身出發!好好享受這一天!

健康與身心安適的魔法

功課馬拉松的耐力魔法

　　對於功課落後的大學生來說，光是要趁期末數週趕上進度就已疲憊不堪，而這項魔法能夠增進學生的自信與專注力。（即使不是學生，還是可以運用這魔法——像是用在完成某項工作任務的時候！）

　　如果找得到的話，新鮮花瓣最為理想，但在面臨緊要關頭時，乾燥花瓣就可以了。

═══ 使用材料 ═══

1根橘色或黃色蠟燭

1茶匙花瓣，蘭花、忍冬、紫丁香或洛神花

1顆白水晶或紫水晶

檸檬或迷迭香精油

（請參考本書 P120〈魔法油〉關於「混合」的段落。）

═ 執行指南 ═

✦ 將花瓣撒在盤子上，或是撒在個人祭壇、工作檯上。用油塗抹蠟燭，然後將蠟燭滾過花瓣。

✦ 將蠟燭固定在燭台上，白水晶或紫水晶放在緊鄰燭台的位置。

✦ 觀想自己已完成那份正在進行的功課或任務。容許自己感受那在工作完成時必會經驗到的放鬆與欣喜。

✦ 當你覺得已經準備好的時候，點起蠟燭並唸誦以下文字（或類似者）：

吾祈上天，持續支持，

專注精力，以成吾事。

✦ 在進行「功課馬拉松」的期間，將水晶放在你的書桌或其他工作檯上。

✦ 每當感到氣餒或無法專注時，就握住水晶一會兒。

惹是生非者的束縛魔法

正向、具有道德觀念的魔法會相當尊重他人的自由意志，不想主動操控除了施術者以外的人之行為或境遇。

然而這並不代表術法不能用來保護你不受他人的惡意傷害，像是具有消極攻擊行為的工作同僚想要暗中破壞你的好事，或是早已分手的前情人還一直在跟你歹戲拖棚。

這類狀況的理想解決途徑自然是以開誠布公的對話來進行，不過如果這條路行不通的話，些許的魔法干涉也能夠有所幫助。

在魔法中，運用繩線與繩結的傳統歷久不衰。個人的意願能量會凝聚在繩結上，然後依據術法的目的予以封印或釋放。

在束縛的操作方面，繩結所「捕捉」的是某對象所發出任何跟你有關的負面能量，繼而將繩線埋入大地中就能中和那能量，讓你能從自己與某對象的互動時所遭遇的一切負面性當中開始恢復。＊

只要能夠綁出夠緊的繩結，任何細線、繩索或緞帶都可以用。如果繩線過於厚實或滑溜而無法維持繩結的話，魔法的效果會不如預期。

═ 使用材料 ═

1根黑色或白色大蠟燭
1條繩線，長約20.3-30.5公分（即8-12英寸）

◆ 點起蠟燭，並把繩線平攤在自己面前。

◆ 花些時間想像白光籠罩自己周圍。別專注自己跟某對象的問題，而是專注在回歸中心、平靜以對的感受。＊

◆ 當你已準備好時，在繩線左端算起四分之一處打一個結，同時唸出以下文字：

> 〔對象的名字〕針對吾的任何負面事物，
> 吾均束縛之。

◆ 然後在繩線中央處再打一個結，並唸以下文字：

> 此人與吾之間的任何未來紛爭，
> 吾亦束縛之。

◆ 最後在繩線右端算起四分之一處打一個結，同時唸出以下文字：

> 以吾至高之力因應至善之理，
> 封印此物。

◆ 在將這條繩線埋進大地時，想像它分解成土壤。如果你無法將它埋入大地，就用碗裝滿鹽，將繩線埋入其中，之後將整個內容物倒入戶外的垃圾桶。

＊在觀想時，請勿想像此對象受到任何傷害，即使這樣會讓你有「伸張正義、執行報應」的感受也不可以。僅是專注在驅除他們對你的傷害能力即可，無論那傷害能力是在現實、心靈或其他層面都一樣。

健康與身心安適的魔法

寵物保護魔法

　　雖然我們一般來說會比這些動物夥伴長壽許多，不過我們也能汲取魔法來保障牠們一路平安與健康到享盡天年。這項全方位的守護祝福雖然已調整成適用於貓與狗，但還是可以用在其他種類的寵物上。

═ 使用材料 ═

海鹽

═ 執行指南 ═

✦ 用海鹽圍成一個神聖之圓，然後坐在中央，呼喚你的寵物來你這裡。＊

✦ 將你的手按在寵物的頭上（如有需要，也可按在身體上），並唸誦以下文字（或類似者）：

守護靈啊＊＊，吾祈求您

每日每夜，照看〔寵物的名字〕。

讓〔寵物的名字〕不會想要

遠離安全的保障與健康的喜悅，

讓我們的喜悅陪伴

成為滋養彼此的情感養分。

藉此祝福，〔寵物的名字〕平安無恙，

周圍將有偉大守護靈的護佑。

就讓此願如實具現吧！

✦ 完成之後，將海鹽掃起來，並且一定要花些時間擁抱寵物以將祝福固著下來。

＊你的寵物也許會對鹽圈感到好奇並且想要舔它。雖然攝取大量鹽分對寵物（或人）的健康有害，不過如果你用海鹽做出神聖之圓的線條夠纖細的話，應該不用擔心這問題。善用你的常識來判斷──如果鹽圈會使寵物過於分心而無法待在圓裡，那麼換用小顆水晶或小卵石試試看。

＊＊如果你有與特定神祇共事，特別是那些已知與動物魔法有所關聯的神明，請自行將「守護靈」代換為這位神祇的名稱或者並列其中。

家園守護巫瓶

　　巫瓶（witch bottle），又名「寶瓶」（spell bottle），是一項已有數百年之久的魔法傳統，多用於驅除由特定源頭而來的負面能量，例如某個令人心生恐懼的敵人。然而在傳統上，它的某些材料不甚討喜（例如頭髮與血液），而且也要埋在地下以運作魔法。

　　現代的巫瓶則有多樣用途，包括愛情與財富，且其材料通常沒有源自人體的東西（雖然有些護衛傳統的人士還是沿用舊有配方），雖然可能還是被埋在地下，但也可以藏在家中，甚至依其目的及施術者的喜好還可放在盒中展示。

　　下列的防護魔法是要把巫瓶藏在家中，不過你喜歡的話也可以把它擺在看得到的地方。（這個巫瓶不一定要埋在地下，不過如果你無論如何都覺得很想要這樣做的話，那就這樣做。）

　　你也可以用其他方式——即選用對你而言更具意義的成分——將這魔法改成更為貼近自身需要的版本，以下會講到這部分，只要確定各個項目（藥草、水晶與尖銳金屬物件）都有東西就好。

　　列在最後的金屬物件，係藉由模仿現實層面的鐵絲網欄，當成能量層面的「圍欄」來用，以屏除負面或有害的能量或意圖——所以請小心處理它們，如果你想戴手套來做也是沒問題的！

　　一旦抓到要領，你只要運用符合目的的材料，就能夠製作各種用途的巫瓶。請發揮創意製作自己最有靈感的巫瓶吧！

使用材料

1個有軟木塞的玻璃空瓶（酒瓶或橄欖油瓶相當適合，然而你也可以用可樂瓶或啤酒瓶配上合適的軟木塞）

¼ 杯土壤（最好是從自家庭院挖掘的土）或海鹽

1顆（至少）用於保護的水晶：黑曜岩、縞瑪瑙（onyx）、黑色電氣石或煙晶（淺褐色者又稱茶晶、近黑色者又稱墨晶）

3瓣大蒜，壓碎

1撮玫瑰的刺或蕁麻

3片月桂葉

3根（至少）鐵釘、縫衣針及（或）其他尖銳的金屬物件

1湯匙（至少）一種或多種用於保護的藥草：羅勒、蒔蘿、茴香、杜松、迷迭香及龍蒿

醋（任何醋都可以，但人們常用蘋果醋）

1根黑色蠟燭

乾燥鼠尾草，成束或散葉均可
（薰香用，非必須）

═══ 執行指南 ═══

◆ 如果有準備鼠尾草的話，在製作巫瓶之前先將你的祭壇或工作檯薰過會是不錯的做法，但不一定得這樣做。有人會在前一晚將空瓶曬月光充入能量，然而這也不是必要的步驟。

◆ 當你覺得準備妥當、可以開始時，點起黑色蠟燭並唸誦以下文字（或類似者）：

> 守護之靈，來與吾事，
> 願汝助吾，以法衛家；
> 願汝賜吾，神聖護佑。

◆ 然後將土壤或海鹽加入瓶中，並確實覆蓋整個瓶底。然後加入水晶、碎蒜，以及蕁麻或玫瑰的刺。

◆ 此時先輕輕搖晃一下瓶子，然後加入月桂葉、尖銳的金屬物件，以及剩下的藥草。

◆ 將醋倒滿整個瓶子，但要留下軟木塞的空間。在用軟木塞封瓶之後，一邊搖晃巫瓶、一邊唸誦以下文字（或類似者）：

> 守護之靈，榮耀吾事，
> 謝汝助吾，製作此瓶。
> 瓶中聖力，護佑吾家。
> 此法已成，此事已定。

- ◆ 接著拿起蠟燭向巫瓶的軟木塞滴下數滴蠟液以封住巫瓶。
- ◆ 將巫瓶藏在家中靠近大門的地方。

第四部

各式魔法及策略

各式魔法及策略的介紹

魔法的形式、風格與技術形形色色、多有不同，其可能性無窮無盡，有許多會在你的探索過程中逐漸認識。而本書這部分旨在簡短介紹魔法的多種運用方式，包括廚房巫術（kitchen witchery）、製作自己的魔法材料，還有借重計算時機與自然韻律以順水推舟。

放在這部分的魔法，只有少數魔法係為特定用途，其他大多為「萬用」，亦即它們能用於愛情與關係、財富與興盛，還有健康與身心安適等單一或多重目的。況且，每個人遲早都會出現非屬於前述三大項的個人欲求或掛念——那麼就選用這部分的一種或多種魔法來處理。

你會在這部分看到強調直接從自然取得工具的魔法、向宇宙要求資訊的新方法、創造自己的複方魔法油品，還有一套依據月亮週期來操作魔法的方式。最後，你會找到慶祝個人新年的儀式，為自己設定長達十二個月的魔法具現。

請好好享受實驗這些魔法的過程，記錄每次結果，還有持續探索魔法的廣大世界吧！

好消息魔法

　　這是個適合初學者的優良魔法，也適合那些不想花太多精神在專注意願、只想用少許努力換取有趣結果的人們。

　　這魔法的回饋方式將會讓你大為驚喜，其祕訣在於你的問題要夠籠統，亦即如果你當時對某事非常介意，就別要求這方面的好消息或任何特定結果，因為這樣做只會把你送出去的能量變得混濁。

　　在完成魔法之後，就把它放下、忘記——你當然可以留意好消息啦，只不過就是信任它一定會來到你這裡，不需要一直「警戒注意」。

　　由於此法施術時間較短，魔法蠟燭或其他燃燒時間較短的蠟燭會比較適合，還有在使用時讓蠟燭自行燃盡。無論你用哪種顏色的蠟燭，盡量選擇色澤最為明亮者，因為這類魔法比較講究高頻的振動。

═ 使用材料 ═

1根黃色、金色、橘色或綠色蠟燭

佛手柑、肉桂或廣藿香精油

（請參考本 P120〈魔法油〉關於「混合」的段落。）

═ 執行指南 ═

◆ 用一兩滴油塗抹蠟燭。

◆ 專注在突然聽見好消息的感覺，也可以回憶過去的類似經驗
以幫助想像。

◆ 當你鎖定這感覺時，重複唸誦三遍以下文字（或類似者）：

三日之內，驚喜將來，
奇妙展現，使吾歡喜。

◆ 點起蠟燭，並以下列話語將魔法固定下來：

就讓此願如實具現吧！

雨中散步淨化法

雨天，對於許多人來說是應該留在家中的日子，因為外出就得躲在傘下。不過你是否知道，雨水是自然界最具魔力的材料之一呢？它在清理淤滯或負向的能量氛圍特別有用，特別在面對持續存在的情緒難題時更是如此。

這魔法運用雨水的療癒振動，除了你自己、你的意圖、認真的話語，還有理所當然的雨天之外，不需要其他材料。

在雨中走一小段路會是最理想的方式，不過如果無法這樣做，站在戶外即可。另外在身處雨中時，也可以依己意反覆唸誦以下執行步驟所列的語句。

你也可以將這魔法改成適用於當時自己所面對的挑戰，只要把「不再需要的一切事物」代換為你的事情即可。

═══ 使用材料 ═══

雨天！

═ 執行指南 ═

◆ 在開始下雨時，走到戶外進行短程散步（或僅是站在戶外即可）。

◆ 專注說出以下意願（自擬亦可）：

> 雨之靈、愛之水，
> 為吾釋放不再需要的一切事物，
> 使吾恢復，能夠接受即將來臨的祝福。

◆ 至於要在雨中逗留多久，由你決定，但根據一般的經驗法則，至少要有五分鐘。如果那是輕濛細雨，你應會希望多逗留一些時候，但如果是傾盆大雨的話，只要幾分鐘就應足以達到效果。

◆ 請勿在打雷的暴風雨之日進行此法，這是常識喔！

生日三願之法

在吹熄生日蛋糕上面的燭火之前許願，是用來榮耀光陰的生日慶祝習俗。傳統上，生日所許的願望一般應要閉口不談，這也許是人們在潛意識了解將願望大聲說出的動作可能會阻礙願望的具現。

這魔法應是獨自進行，且無人聽聞你向宇宙大聲說出的願望。這也是反思與慶祝個人過去一年以來的生命經驗，之後再為將來的一年立下想要實現的意願。

從許願之後吹動蒲公英成熟「絨球」（眾多種子上面的冠毛所形成的球體）的傳統上，我們可以知道蒲公英跟願望有關。如果你的生日剛好在蒲公英的花期，不妨嘗試用新鮮的絨球。如果生日不在花期的話，可以使用乾燥蒲公英葉來做也一樣有效。

如果沒法在生日當天進行這魔法也沒問題，在生日前後一週之內的任何時間進行皆可，這期間的能量都有利於此法的運作。

═ 使用材料 ═

1根營造氣氛的大蠟燭

1根「生日」魔法蠟燭

筆記本或書寫紙張

羊皮紙（非必須）

1公分寬的緞帶

1撮乾燥蒲公英葉（或新鮮的蒲公英絨球）

═ 執行指南 ═

◆ 點燃大蠟燭，花些時間寫下自身生命在過去十二個月的展現。

◆ 這裡要留心的是，只專注在你會感動的事情上，像是精彩表現、成就與搞笑片刻之類的事情。在過去這一年當中，你對於自己的了解是什麼呢？ 在靈性方面的進展如何？ 在魔法的習修方面又是如何呢？

◆ 如果去年有撐過任何難關，請榮耀自己一番，但也別執著於此，畢竟再怎麼厲害也都已經過去了。

◆ 現在，請確認出三件想在未來一年實現的事情。如果想要的話，也可花些時間將它們詳細記錄下來。然後將這三個願望分別用單字或短句來代表，並寫在一小張紙片或羊皮紙上。

◆ 把這張紙放在自己的祭壇上，點燃「生日」魔法蠟燭。

◆ 將一撮蒲公英葉放在自己手上（如果準備蒲公英絨球的話，就握住莖柄），大聲說出你的三個願望，接著唸出以下字詞（或類似者）：

生日願望，其數有三，

逐漸實現。

繞日一圈，明年此時，

願望已成。

◆ 輕柔吹送蒲公英葉或絨球，使它們散落於紙上。

◆ 將紙捲起來，並用緞帶繞著它綁緊。

◆ 把它放在「生日」蠟燭前面，讓蠟燭自行燃盡。

◆ 將這份願望紀錄留在個人祭壇上，時間長短由你決定。然後將它收至某個特別的地方直到你的下一次生日。

焚燒問題、通往清晰之道

在面對嚴苛困境或難以抉擇時，很難不去煩惱，即使你自己知道煩惱無助於解套或解答。這魔法很適合用來打通個人的阻塞管道，使你在面對問題時讓答案能進得來。

不過，若你對某狀況的結果沒有直接的影響力、只想知道是或不是的答案，像是自己會不會被應徵的公司錄用等等，這魔法並不適用，因為它的目的在於使你能夠明白那些需要自己採取行動的狀況。如果你沒有鍋子或任何耐火的盤子，可以把術中燃燒的紙張放在水槽。

═══ 使用材料 ═══

1根黑色、金色、紫羅蘭色、靛藍色或白色蠟燭
1條短紙條（約7.6-12.7公分長），紙或羊皮紙均可
小鍋子或耐火的盤子

═══ 執行指南 ═══

✦ 點起蠟燭。

✦ 使自己落實下來、回歸中心，讓問題暫時停留在自己的腦海中，無須重複思索相關細節。

- ✦ 當你對於這問題已足夠清楚到能用最為簡單、直接的話語表述時，把它寫在紙條上。
- ✦ 一邊點燃那紙條，一邊說：

吾將問題、交託善靈，
敞懷傾聽、相應答案。

- ✦ 在安全的前提之下，捏住那張紙條讓它盡量燒。當手持紙條已不再安全時，將它順手丟進小鍋或水槽中。
- ✦ 之後就讓自己的心思轉向一些令人舒服、放鬆的事物，並信任答案會在適當的時機來到你這裡。

菊苣的勝利護符

在朝向像是減重、找到新工作、戒除不健康的習慣等等個人目標努力時，可以嘗試運用菊苣根（chicory root）來幫助穿越過程中的任何阻力。

菊苣是用來消除各式各樣的障礙，傳統上會用來解除詛咒，並在沒有鑰匙時協助開鎖。根據古時候的說法，菊苣能夠賦予隱形，不過這應該不是如字面呈現的意思，而是用來描述「不受任何負面能量傷害」的效果。

將此法製成的菊苣根護符帶在身上，能夠幫助你克服目前遇到的阻礙。

菊苣根有數種常見市售形式，然而粉末並不適用在此法術，未加工的根部切片或顆粒比較適合。

═══ 使用材料 ═══

1湯匙菊苣根

鍋或碗

1小塊方布（約10公分見方）

═══ 執行指南 ═══

✦ （在開始進行魔法之前，請務必洗手。）把菊苣放在鍋或碗中，
  然後用你的手指攪和它們，以混進自己的個人能量。

✦ 一邊攪和菊苣，一邊唸出以下語句（或類似者）：

> 毀壞之力，視不見吾。
>
> 易得坦途，達成吾願。
>
> 此法來助，此事已成。

✦ 將布平攤，把菊苣放在布的中央。

✦ 將方布的四角收攏綁緊，作成小布包，確保它不會鬆開。

✦ 把它放在口袋或錢包，或是把它繫上細繩掛在頸上。

✦ 在達成目標時，感謝那些與你同在的力量。然後將整個布包
  埋進土裡，或是把布包打開，將菊苣散撒在土地上。

新開始的蛋魔法

在世界各地，蛋自古以來即具有神祕與魔法方面的重要意義，到現在仍有許多魔法傳統會用到它。蛋殼在經輾碎、磨末後，就能用在保護性質的術法，而生蛋則是療癒魔法的有力介質之一。此外，蛋也象徵生育、春天、豐盛及純粹的潛能。

在這魔法中，你將為一顆生蛋注入想在個人生命中經驗新事物的意願，然後把它埋在地下。這顆蛋是新開始的完美象徵，因為它的確儲存著具現新生命的實際物質。所以這魔法就成為夫妻想要生育孩子的理想技術，然而它也適合用在開始新事業、帶來新的工作機會，或是支持自己照顧自己的努力，例如飲食或運動的規劃。

你也將會汲取太陽與正東方向的能量，用來增添這術法的力量。為得最佳結果，請在月盈期間的前半段任一晚進行此法，並於第二天早上起床後馬上把蛋埋入大地。

═ 使用材料 ═

1根綠色、棕色或白色圓柱蠟燭
1顆生蛋
橄欖油
1碗土壤（或沙子、稻草或乾草），需足以把蛋蓋住的量

═ 執行指南 ═

✦ 點起蠟燭，並用一兩滴橄欖油塗抹生蛋。

✦ 兩手掌輕柔將蛋包住，並觀想它充滿明亮、純粹的橘光，那
  光芒甚至透出蛋殼而圍繞自己的身體。想像未來的自己將會
  十分享受現在所推動之事的成果。

✦ 用些時間鞏固自己的觀想。然後在覺得已經準備好的時候，
  唸出這句話：「就讓此願如實具現吧！」

✦ 將蛋放在碗中，並用土壤或稻草輕柔覆於其上。

✦ 將整個東西留在你的祭壇上過一個晚上，然後在日出時把它
  埋在自宅庭園最東方的區域。

✦ 睡前可以先把蠟燭熄滅，然後在你想要的時間再度點燃，用
  來提醒自己，有個奇蹟般的新開始正在個人生命的土壤中逐
  漸實現。

酪梨美貌魔法

　　這魔法應是廚房巫術的理想範例，因它使用的是大自然賜與我們的上等食材——即兼具實質與魔法特性的美味酪梨喔！

　　酪梨自古以來因其安撫及催情的效果而得到重視，許多魔法傳統都有用它來促進愛情、美容及放鬆等效果。有些女巫偏好在生育方面的魔法使用酪梨樹的枝條，有的則是依照傳統做法，攜帶一粒酪梨果核以促進愛情與美貌。

　　而現在的美容產品也越來越常看到這水果，畢竟它富含健康的脂肪與礦物質，對於皮膚的舒緩與保濕非常有用。

　　這項美味魔法使用一顆酪梨同時作用在身體層面與無形層面，以更新、恢復你的身體，而這樣的效果會使我們在他人眼中變得更加美麗。

　　這當中的主要施法動作，即是用湯匙直接從未削皮的酪梨上挖食（也可以加一小撮鹽增加風味！），而乾燥花瓣圈成的魔法圈會強化該魔法的能量。

　　花瓣的量要足以做出讓你能在裡面坐著的魔法圈。有些人會用一些插有鮮花的花瓶來圍著自己，只要花夠多的話，這也是很好的做法。你也可以發揮創意來結合這兩種做法。

　　這魔法的理想操作環境應是曬得到陽光的戶外區域，如果無法這樣做，也可以在直曬陽光的房間進行。如果你是在夜間進行這魔法，請在魔法圈外點上數根蠟燭。

═ 使用材料 ═

1 顆酪梨　　　　盤子、刀子與湯匙

海鹽（非必須）　鮮花及（或）花瓣

5-7 根蠟燭（夜間施法使用）

═ 執行指南 ═

◆ 先從廚房開始。用手掌輕捧酪梨，閉上眼睛、做個深呼吸，
  觀想有道美麗的白光從自己的皮膚底下閃耀出來。

◆ 將酪梨對半切開。將果核挖出並清洗乾淨，對半切開的連皮
  果肉則放在盤子上，並撒上鹽（如果有準備的話）。然後將整
  個盤子端到魔法圈預畫位置的中央置放。

◆ 然後用花瓣圍出魔法圈，同時為聚集在此的自然之力獻上無
  聲的感謝，感謝它們提供如此美好的環境，使你能在這裡進
  行魔法。

◆ 在魔法圈裡面坐穩之後，開始吃你的酪梨，從容進食並享受
  美味。吃完之後，閉上眼睛並說出以下的話語（或類似者）：

大自然啊，感謝妳

用自己的美來滋養我的美。

◆ 至於果核，你可以按照自己的意思把它送進堆肥。不過在此
  之前，先用一塊布將果核包妥，隨身帶著幾天，以鞏固自己
  對於自身美貌增進的感受。

◆ 如果你住在熱帶或亞熱帶區域，可以嘗試種植那顆果核，說
  不定會種出一棵專屬於你的酪梨樹呢！

魔法油

　　如果你在魔法的探索已有一段時間，應該會遇到運用複方魔法油的魔法，像是用來驅除負面能量的驅邪油

　　巫術、新時代思潮的商家，還有一些網路商店，會販售一些高品質的良好油品。不過，購買少數單方精油並創造出自己的複方魔法油，除了成果會讓你覺得花這筆錢真是值得之外，未用完的單方精油還能運用在未來的療癒、淨化及其他各式各樣的個人用途上。

　　以下是供你嘗試製作的三種複方魔法油，所用到的單方精油都屬多用途者。滴管瓶（dropper bottle，國內另稱精華液瓶）可以在大部分健康食品店找到或上網購買（國內可在美容材料、容器的店家或網路平台買到）。如有急需，也能使用蓋子可以旋緊密封的迷你罐子。

═══ 使用材料 ═══

¼ 杯基底油＊，即甜杏仁油、橄欖油、葡萄籽油、荷荷芭油（jojoba）
或紅花籽油（safflower oil）＊

3個小滴瓶（各複方都需要1個）＊＊

配方所列單方精油都需要1瓶

＊ ¼ 杯約60毫升　　＊＊ 容量須有20毫升

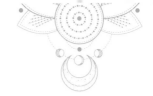

支持療癒油（用於〈迅速康復療癒浸浴〉，P72）

- ✦ 4 滴迷迭香
- ✦ 2 滴杜松
- ✦ 1 滴檀香

財富吸引油（用於〈喚錢過來〉，P46）

- ✦ 3 滴佛手柑
- ✦ 1 滴羅勒
- ✦ 1 滴廣藿香
- ✦ 1 滴檀香

平安心靈油（用於〈在艱難處境選擇平安〉，P32）

- ✦ 3 滴伊蘭伊蘭
- ✦ 3 滴薰衣草
- ✦ 2 滴洋甘菊
- ✦ 1 滴佛手柑

══ 執行指南 ══

混合

✦ 植物精油具有高揮發性，而且濃度很高，絕大多數都不能直接接觸皮膚。而基底油（base oil, carrier oil）則是能讓精油進行混合的安全介質，當精油經基底油調和之後，就能安全

用在塗抹蠟燭及其他魔法工具上，想要的話也可應需要塗在皮膚上。＊

✦ 為避免問題，請務必不要略過基底油。

充能

✦ 在創造自己的複方魔法油時，最好同時觀想自己的意願。

✦ 為了強化成品的能量，製作過程中播放提振人心的音樂會大有助益。

✦ 在蓋上複方魔法油的瓶蓋之後，請務必以兩手掌握住瓶子，並將自己的魔法力量送入瓶內液體。

使用

✦ 按照魔法的指示來用油，像是塗抹蠟燭及其他魔法工具，或當成香氛產品來用，所以也能當成香氛禮物來送。

✦ 請儲存在陰涼處所，並且盡量在一年之內把整瓶油用完。

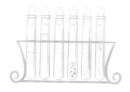

＊若要調出本書所提到用於塗抹蠟燭的油品，初學者可以先以這三款魔法油所呈現的比例來做，也就是 20 毫升基底油配精油總量 6 至 9 滴。至於更為進階的調油方式，請參考芳香療法書籍或教學課程。）

水晶氣場護欄

　　若要維護自身空間不受有害能量影響並提振正向氣場，水晶護欄會是滿不顯眼的簡單做法。以下所列步驟可以作在整個房間或整個家宅。

　　煙晶或黑色電氣石都可以用其他具有保護性質的礦石來代替，只要確保以下提到的四顆礦石都要同樣的材質即可。至於中央的石頭，其實可以用你自己感覺有共鳴的任何礦石，只不過以下所列的三種水晶礦石在提振正向能量的效果很好。請依自己的直覺來決定。

═ 使用材料 ═

4塊黑色電氣石或煙晶

4根小型透石膏棒（selenite wand）

1顆中到大型的「中央石」
（粉晶、紫水晶或黃水晶）

用於薰香的鼠尾草束

══ 執行指南 ══

✦ 在開始之前，將所有水晶礦石曬數小時的陽光，以進行淨化與充能，最好能曬足一整天。

✦ 仔細打掃自宅的所有房間，盡可能清除灰塵與雜亂的東西。

✦ 用鼠尾草薰過所有房間，門窗記得敞開，讓那些該出去的能量可以出得去。

✦ 將黑色電氣石放在自宅角落，每個角落各放一顆。

✦ 每個黑色電氣石前面放置透石膏棒，一端朝著黑色電氣石，另一端朝著家宅中央。

✦ 將中央石放在桌子上或書架上，其位置應是能夠隨時得見且盡可能靠近家宅中央的地方。

✦ 花些時間坐在中央石附近，並用觀想所有水晶礦石在能量層面彼此相連的方式來啟動之。

✦ 然後說出以下的話語（或類似者）：

> 吾家安全、吾居清淨，
> 吾屋顯正、吾宅平安。
> 有福之地、吾真有福。

✦ 水晶礦石（特別是黑色電氣石）要定期淨化與充能。

✦ 如果家裡開始出現負面的感受，就是該為水晶護欄淨化並充能的時候。

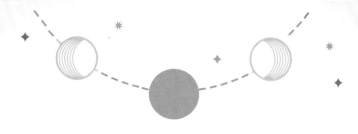

朔月的意願設定

　　如要深化自己與月亮運行週期的關係以及強化個人力量，那麼利用一整個月亮週期來設定及執行單一意願會是很好的做法。

　　這個夜間儀式有兩週時間會向碗中逐次增加石頭，每次只加入一顆，象徵月盈期間逐漸且穩定盈增的月相，使你跟自己的那股正在成形的具現能量保持連結。

　　為使視覺效果達到最好，所有石頭在全部加入時應當剛好能夠在碗底鋪滿一層。為了讓這項魔法操作在月盈期間持續運作，你將需要一塊特別為其保留的空間，無論那是祭壇、書架，甚至餐桌中央都可以。

　　這項魔法適合用來支持你想在個人生活中進行的正面改變，像是開始新的日常運動訓練或是突破舊習的時候。

　　傳統上認為月盈時期應當用於召喚事物進入自身生活，而不是褪除自身生活的某些事物，不過這裡的重點還是一樣，即你應當跟隨自己的直覺來做。

　　開始進行此魔法的夜晚應當挑選最靠近朔月發生的真正時間，如果無法如此，就挑朔月之後盡量靠近它的夜晚來做。

═══ 使用材料 ═══

1個小碗，最好是瓷製或陶製

至少15顆小石頭或小卵石，最好是圓形且大小相近者

1根白色或銀色圓柱蠟燭或祈願蠟燭

筆記本、影之書（book of shadows），或其他書寫用紙

✦ 先將自己落實下來、回歸中心，點起蠟燭，並以自己的話語
  向朔月致意。

✦ 用些時間在筆記本或影之書（即用於記錄這類魔法的個人簿
  本）詳細寫下你的目標，這是為了在腦海中創造心像，即自
  己在達成這目標之後，個人生活會有什麼樣的展現。

✦ 你也可以按照自己的意思寫下短句以宣告自己的目標，並在
  整個施法期間將它跟蠟燭與碗放在一起。另一種做法則是用
  圖片來象徵自己的意願。

✦ 然後再花些時間凝視燭光，並觀想自己從容歡喜地實現意
  願。當你準備好的時候，以慣用手拿起第一顆石頭並說出以
  下的話語（或類似者）：

夜得汝光、海受汝力。
吾亦立願，由朔至望，與汝同長

✦ 將石頭放進碗中。到滿月之前的每個晚上，都要重新點燃蠟
  燭並將一顆石頭放進碗中。

✦ 到滿月時，回顧自己對於目標的進展，感謝月亮的協助，然
  後將碗裡的石頭拿出來。

弦月的魔法

　　人們大多認為朔月與望月是魔法最為有力的時候，且其理由還滿充分的呢！不過，在這兩個月相的中間之處也算是重要的時機，特別在為目前生活中的重要領域評估進展時更是如此。

　　此外，如果你有想要施展某些魔法的感覺，但是還沒真正決定出具體目標或時間點，那麼選在這些日子來做會比較好。

　　請查看曆書，找出下一個弦月，然後尋找它所坐落的那一天在魔法方面的對應，那麼你就可以開始計畫在那天晚上依合適目的進行魔法囉！

　　下列兩項運用弦月魔力的魔法，也可以嘗試看看喔！

漸盈半月之法（上弦月）

名為上弦月的漸盈半月，象徵著個人意願從種植到成熟整個過程的中間點。那些你已在努力實現的目標，無論那是什麼，此刻都應是開始使其成形的時候，即便其呈現形式僅是有助於達成自身目標的新概念也沒關係。

這項魔法運用月光石來製作「祈福石堆」（cairn）之類的事物，以導引月亮能量堆疊在當前能量層面已經成功達到的個人動量上。魔法或新時代思潮的商家通常會供應小塊的月光石，不過如果找不到月光石的話，也可在附近的海灘或溪邊撿拾幾顆觸感不錯的扁圓石頭來用。

這魔法也能結合前述〈朔月的意願設定〉的魔法（見第 124 頁），為那項已進行到一半的魔法給予額外的「推力」。

如果你沒在最近的新月設立特定的意願，也沒有關係，還是可以使用那些已經設定且目前還有興趣的意願來進行此魔法。而這魔法的要旨在於確認自己的進展，並更新自身在能量層面的願力以進行更進一步的具現。

═══ 使用材料 ═══

數塊月光石（至少3塊）

1根白色或銀色蠟燭

筆記本、影之書或其他書寫用紙（非必須）

═ 執行指南 ═

✦ 花些時間握著月光石，對準它們的能量。

✦ 再用些時間反思自己的目標，以及當前該目標在個人生活的相關具現程度——無論那對你而言有多渺小或微不足道都沒關係。

✦ 為了幫助這魔法發揮功效，此時若能對該目標進行自由書寫，會有很大的助益，特別是在難以確認自己已成功達到的進度時——甚至進度還在純概念的階段時——更是如此。

✦ 當你對於目標的進展抱有正向的專注力時，點燃蠟燭。開始將準備的石頭以一塊疊上一塊的方式形成石堆。如果你的石堆看起來像是一堆石頭而不是完全垂直堆疊的石塊，那也沒問題，它其實象徵著你從過去到現在已成功達到的能量。所以請自由擺弄那些石頭，做出一個令自己滿意的石堆。

✦ 然後請用自己的話語，為自己至此已經具現的部分獻上感謝，表達自己還要繼續成長、發展下去的意願，並承認自己需要去信任整個具現的過程。

✦ 如果願意的話，可以將石堆留在自己能看到的地方直到滿月。

威卡法術之書

漸缺半月之法（下弦月）

下弦月在傳統上是用於釋放、甚至驅逐那些已在個人生命當中的有害能量，例如某種習慣或思想、不健康的關係、癮頭，或是某種業力模式。

就技術而言，從滿月之後的第二個夜晚到朔月當晚均適合施展這類魔法，然而下弦月是個很好的中間點。

在這時間進行「釋放」或「減少」，其優點之一即是讓你在朔月設定新意願之前，有一週的時間可以經驗「釋放」或「減少」的效果。

煙晶算是變異的水晶，跟月亮的漸缺與黑暗時期有著強烈的關聯。在這魔法中，它會跟同樣也是由月亮掌管的水一起使用，滌除那些處在你生命中的有害能量。如果你沒有煙晶，也可使用白水晶，不過煙晶的落實及保護能量值得你多花心思去蒐羅它們。

═══ 使用材料 ═══

1顆煙晶

1個具有螺蓋的寬口玻璃罐或梅森罐

水

1根黑色或白色蠟燭

筆記本、影之書或其他書寫用紙（非必須）

✦ 用幾分鐘反思（自由書寫會更理想）自己想要釋放、減少或驅逐的事物。

✦ 別把注意力聚焦在事物本身，而是用在觀想自己將那處在個人生命中的事物清理出去之後所感受到的放鬆與自由。

✦ 當你覺得已經準備好時，點燃蠟燭。

✦ 兩掌合抱煙晶，觀想有害事物的能量從你與自己的能量場被拉出來並送入煙晶中。

✦ 將煙晶放入裝滿水的玻璃罐，旋緊瓶蓋，然後輕緩搖動瓶子一陣子。

✦ 把瓶子放在曬得到月光的戶外地方或就近放在窗台上過夜。到了早上，把罐裡的水倒在大地上＊。

✦ 如果你覺得把煙晶埋在土裡比較好，那就這樣做。除此之外，請將煙晶徹底淨化，並直曬月光數小時以補充能量。

＊：水最好灑在戶外，直接倒在土壤上。如果不可行的話，也可以把水倒入排水管，不過請別把水拿來澆室內植物。

滿月的白水晶充能法

如果術法能夠配合月相進行的話，亦即在月盈時期進行「增長」之術、在月缺時期進行「釋放」之法，會是滿理想的狀況，不過現實生活並不一定與這節奏相應。

例如正值月缺時分，但你在個人事業成功方面的確急需助力的話，該怎麼辦呢？答案是，你可以預先準備一顆充入滿月能量的白水晶，藉此就能在任何時候使用這水晶進行魔法。

白水晶就像「行動電源」，能夠儲存你所送入的能量，並於未來依你的指引釋出能量。雖然你能用滿月之光為任何水晶礦石充能，但是身為「萬用」水晶的白水晶能夠支援你所進行的任何魔法意圖。

所以無論你在下一個滿月有沒有預定進行的術法，請拿你的白水晶出來充能，當作是在幫助未來的自己，那麼你就能在任何需要的時候用到它。

═══ 使用材料 ═══

1顆或多顆白水晶

鈴器（bell）或鐘器（chime）（非必須）

═ 執行指南 ═

✦ 當然,在一開始會先進行水晶的淨化,這步驟有很多方式可供選擇。絕大多數關於水晶的資訊來源所推薦的方法,即是將它們置於流動的水達十分鐘以完整淨化之,然而這方法會用掉大量的水,使得有些修習巫術的人不願使用此法,特別是居住在乾旱區域者。如果打算要把白水晶用在療癒方面,像是用於洗浴或是製作魔法藥劑,那麼最好要在流動的水待足十分鐘,因此也可以找尋對環境更為友善的方法來為自己的水晶礦石淨除舊有能量,像是埋在海鹽或土壤中一段時間,之後再迅速洗淨即可。

✦ 直曬月光或日光都被視為淨化與充能兼具的做法,所以依據水晶當前的能量狀況,也許你會感覺沒有另外做淨化的需要也說不定。

✦ 不過如果你想要徹底一點,試試以下的做法:將水晶快速用水洗淨,然後用鈴聲淨化,亦即一手拿著水晶放在鈴下,另一隻手搖鈴發聲。(掛在陽台或門廊的風鈴或藏式鈴鐺也相當適合。)

✦ 然後鋪排水晶以接受滿月之光的充能,在戶外或在窗台上均可。(如果它們剛洗過還沒乾也不要緊,就讓它們在充能時自然風乾即可!)

✦ 如果可以的話，一邊鋪排水晶，一邊說出以下的話語（或類似者）：

因應吾需，取望月光，
入此水晶。
能量增長，有力明亮。
將來吾術，成功有望。

✦ 第二天早上，將水晶置於可以時常看到的特別處所。如果你沒在幾
週之內使用它們，你也許會想在下一個滿月重複這個充能過程。

新年祝福四方之法

　　這項有力魔法讓你能汲取四個基本方向的影響力，在個人生命的數個領域開始具現願望。每一方向都關聯到四元素之一，因此也會關聯到該元素的特定魔法性質。

　　這魔法可以在一般認定的新年進行，像是陽曆的元旦，或是個人認定的新年，像是重生節（Samhain）、耶魯節（Yule）、中國春節，甚至你的個人生日也可以。無論你選擇哪一天當作一年之始，請一定要先花點時間，深入思索自己在即將到來的一年，想為你的生命帶入什麼事物。（如果你對這方面還沒有清楚的想法，不妨自由書寫一下讓思路流動。）

　　運用下一頁的表單，確認出自己的目標在各個方向的對應。這裡的重點在於你可以選擇多個方向，亦即你可以選擇四個不同目標，或是將魔法聚焦在具有四個不同面向的單一目標。

　　例如，如果你想要改善自己的工作出路，可以選擇北方以著墨財務面向，然而也可以召喚東方的能量以創造新的開始，召喚南方的勇氣與耐力來執行自己的計畫，以及（或是）召喚西方的能量以清除任何抵擋改變的無形阻力。

　　一旦你訂出自己在各個方向的要求，也許要把它們寫下來以方便自己在儀式過程中記住它們。（儀式之後也可以把這些紀錄保留下來，方便自己在這一年當中的幾個時間點檢驗自己的進度。）

四方／四元素對應表

方向	對應元素	具現領域
北方	地	財務豐盛、 家庭的溫暖與安全、 實體財產、現實事務
東方	風	創意、改變、 新的開始、 靈感、清晰觀點
南方	火	愛、生命力、熱情、 積極進取、 將概念執行到底的勇氣
西方	水	療癒、淨化、 直覺、關懷、 心靈及靈性層面的覺察

═══ 使用材料 ═══

1根白色圓柱蠟燭
（可以換成任何對你來說具有重大意義的顏色）
用於書寫年度目標的紙與筆（非必須）

═══ 執行指南 ═══

✦ 先面向北方站立，兩腳分開約十公分左右，背部挺直、抬頭挺胸，手臂自然下垂在身體兩側，然後彎起前臂、手掌向上，以代表自己已準備接受新的祝福。

✦ 說出以下的話語：

北方之靈，藉汝之助，
這一新年將 〔目標〕 帶入吾之生命。

✦ 轉向東方，並說：

東方之靈，藉汝之助，
這一新年將 〔目標〕 帶入吾之生命。

✦ 轉向南方，並說：

南方之靈，藉汝之助，
這一新年將 〔目標〕 帶入吾之生命。

◆ 轉向西方,並說:

西方之靈,藉汝之助,
這一新年將 〔目標〕 帶入吾之生命。

◆ 於此,點起蠟燭。＊
◆ 緩緩拿起蠟燭,用兩手握住。再次面對北方,說出當自己向北方宣告的目標實現時會感受到的所有正面事物。
◆ 好好把握那種感受,同時做三次深呼吸(注意呼氣時別把燭火吹滅)。
◆ 然後再次轉向東方、南方與西方,並於各方向重複上述兩個步驟。
◆ 做完之後,將蠟燭放回祭壇,並再次依序面對四個方向,手臂上舉過頭,兩手手掌於頭上合十,手指朝上。
◆ 以此姿勢,一邊面向各個方向,一邊說出結束的話語:

此年將是吾所經歷過最為奇蹟的一年。
吾如此有福,得見願望實現。

＊在完成這魔法之後,剩下的圓柱蠟燭仍可依你的意思繼續使用至完全燃盡。不過,在每次點燃與熄滅這根蠟燭時,若能說出一些感恩的話語,會是相當好的做法。等到整支蠟燭燃盡時,你會發現自己所召請的祝福有一些已經開始在實現了呢!

元素茶的創意魔法

　　無論何時需要一點創意靈感時，你都能夠享用這項美妙的魔法調製而成的魔法茶。你會在依步驟放入對應的香料時召請協同創造的四元素原始力量，使這些魔法力量滲入混合的香料。

　　在開始任何創意工作時，請將喝這道茶當成儀式來做，讓它引你進入新概念的流動當中。如果還想添加額外的魔法氛圍，就為你用來儲存魔法香料茶的罐子製作色彩鮮豔的標示，並裝飾它的蓋子。

　　你將需要用到濾茶器或是空茶包來泡這道茶，每次用量約為一茶匙到一湯匙，依你的喜好而定。以下所列的香料用量也請按照自己的意思來調整。

═══ 使用材料 ═══

1 杯散裝阿薩姆紅茶

4 茶匙茴香籽（風元素）

2 茶匙小豆蔻（水元素）

2 茶匙肉桂片（或將肉桂棒磨成粗粒）（火元素）

1 茶匙乾薑末（地元素）

研缽與研杵

碗

具有螺蓋的小玻璃瓶

可選用的額外添加物：

1 湯匙丁香粒

1 茶匙多香果

1 茶匙黑胡椒粒

✦ 將紅茶放到碗裡並置於一旁。
✦ 將茴香籽放入研缽，同時說出以下的話語（或類似者）：

憑風之靈，
樂迎想法，入吾創造。

✦ 放入小豆蔻，一邊用研杵攪動，一邊說出以下的話語（或類似者）：

憑水之靈，
創意直覺，吾順流動。

✦ 然後放進肉桂，一邊攪動，一邊說：

憑火之靈，
吾燃熱情，著手創造。

✦ 然後放進乾薑，一邊攪動，一邊說：

憑地之靈，
吾創新作，引入現實。

✦ 如果還有其他想要加入的香料，請於此時全部加入。
✦ 將混合過的香料緩慢攪入紅茶裡面。雙手捧著碗並說出以下的話語（或類似者）：

憑聖靈力，融合萬物，
成就此茶，吾真有福。

✦ 將混好的茶葉放入玻璃罐中，蓋子蓋上轉緊，然後充分搖晃瓶子。之後就請好好享用吧！

結語

希望你在初次看完本書的時候，已經注意到幾項符合個人目的的
魔法。隨著時間過去，你大概會找到更多魔法使用呢！

不過，雖然有幾個想要嘗試的魔法，但是你無法決定從哪個開始
嗎？這是相當常見——而且還滿愉快——的難題呢！別讓難以選擇的
感受多到使你不願進行任何魔法就好。

如果真的難以抉擇要從哪項魔法開始進行，那麼可以參考以下幾
個建議：

首先，就讓時間來指引你吧，像是目前的月相。如果不確定的
話，就去翻農民曆或陰曆，然後依這資訊精簡自己的選擇。用於「增
長」的魔法通常在月盈期間進行比較好，用於「驅逐」、「消除」有害事
物的魔法則在月缺期間最為有效。

其次，反思自己的「願望清單」，不過這裡的願望清單也可以只是
一些簡要文字敘述，表達自己的生活想要出現的正面改變。接著在其中
擇定一個目標，其選擇條件是你對於這目標不僅有著強烈的欲望，而且
還具有自己在這意願的專注力足使魔法成功的信心。換句話說，別一開
始就挑個人生命中最為困難的面向來進行魔法，除非你打從心底知道自
己有力量可以改變它才能這樣做。

最後，也可以為自己的抉擇過程施展一些魔法。選出五項或是更
多想要嘗試的魔法，將它們的名稱分別寫在正方形小紙片上。將這些紙
片一一摺成更小的正方紙籤，放在碗中混在一起。然後請求宇宙幫忙選
出最適合開始進行的魔法。接著閉上眼睛，信任自己的手指一定會挑中
最完美的那個魔法吧！

無論你在選擇魔法方面的進展如何，請一定要讓自己好好享受，並將你個人的獨特能量滲入每個步驟，像是挑選施法材料、為材料充能、魔法的操作，以及觀想自己的施法成果。對於書上記載的魔法，如果你有做出任何更動或替代的話，請把這些情況寫下來，並追蹤自身願望在生活中具現的過程。

　　最後，祝君幸運！ 願汝有福！

致謝

我深摯感謝我的家人以及朋友，感謝他們的無盡支持與愛。感謝凱利‧哈趣森（Kelli Hutchison）在這幾年來在魔法方面的陪伴。還有也要感謝當時在思索撰寫關於巫術的書時，把一顆球果掉到敝人頭上的松樹。

這次跟編輯芭芭拉‧伯格（Barbara Berger）及史特林（Sterling）出版團隊的合作，仍是一如往常令人感到愉快。感謝藝術監督伊莉莎白‧林蒂（Elizabeth Lindy）為本書設計美麗的封面；感謝內頁藝術監督凱文‧烏渥里奇（Kevin Ullrich）及克莉絲汀‧西翁（Christine Heun）；還要感謝夏瓏‧雅各布斯（Sharon Jacobs）的美妙內頁設計概念、導向與編排；感謝生產編輯麥克‧賽亞（Michael Cea）以及生產經理克莉絲塔－麗希‧因斗（Krista-Lise Endahl）。

圖片出處

ClipArt ETC: cover, i

Depositphotos: © geraria: 33; © NadezhdaSh: cover, throughout; © nafanya1710: 67

Getty Images: angorius: 72; KeithBishop: 32; DenPotisev: 54; Epine_art: 50, 53, 74, 75, 76 gameover2012: 60; Hulinska_Yevheniia: 82; Jobalou: 10; JonnyJim: 2; Diane Labombarbe: 7, 27; mecaleha: 13; Nastasic: cover, 30; pimpay: 4, 10, 14, 46, 56, 98; Nadezhda_Shuparskaia: 34; Nataliia Taranenko: 18; vectortatu: iv, 11, 12, 23, 25, 37, 38, 45, 79, 85, 87, 93, 94, 107

Shutterstock: Marijus Auruskevicius: 67, 76; Kat_Branches: 78; kuzmicheva: cover; Yevheniia Lytvynovych: 42; Morphart Creation: 64; Vera Petruk: cover; Nadezhda Shuparskaia: throughout; paulart: 44; Wondervendy: iv, 4, 9, 65, 75, 108, 119

Wellcome Library: 90

Wikimedia: 41, 46

作者簡介

麗莎‧錢伯倫（LISA CHAMBERLAIN）是頗有成就的作者，在威卡（Wicca）及魔法方面的著作已有二十餘本，包括《威卡入門指南》（Wicca for Beginners）、《威卡藥草魔法》（Wicca Herbal Magic），以及《威卡的廚房》（Wiccan Kitchen）。多年來，她的威卡經驗已從傳統的習修進化到比較不拘一格的探索，並著重「促進個人掌握一己力量以支持整體至善」的正向魔法。

你可以在其個人網站 wiccaliving.com 找到更多可供參考的資訊。